即位禮
大嘗祭

平成大禮要話

鎌田純一

錦正社

即位禮
大嘗祭

平成大禮要話

鎌田純一

序

平成二年、平成の大礼は厳粛にまた盛大に行われた。大礼、歴代天皇御代ごとのそれは、細かくはすべてその時代ごとの諸条件をふまえて行われて来たこと、いうまでもないが、平成のそれは、行われるまでに種々の論議があった。『延喜式』巻七践祚大嘗祭に記されるところを基礎としての時代ではなく、大正、昭和の御代の大日本帝国憲法、皇室典範を基礎に、登極令に規定されたところを遵守して行われた時代とも異なり、日本国憲法、また現行皇室典範を基礎に、登極令に類する法令の制定されていないなかで、如何行われるべきか、その日本国憲法、現行の皇室典範制定施行以降、早くより識者が論議し、意見を陳述し、それに対しての反対意見も出されただけでなく、街頭での宣伝活動、示威運動までなされた。これらの論議、行動も、後世に正しく伝えられるべきであろう。後世より平成大礼を正しく把握する史料としてもである。

それと別して、この平成の大礼の記録について、昭和大礼の際には、昭和四年五月十六日の閣議決定に基き、上奏裁可を仰ぎ、同年六月一日に大礼記録編纂委員会が内閣に設置され、職員が任命され、大礼に関する一切の事項を網羅記述した『昭和大禮記録』二十五冊を上梓し、それを政府及び宮内省に永久保存することとし、さらに大礼の意義と実況とを国民一般に周知させる目的で『昭和大禮要錄』を刊行頒布したが、平成時もそれらをうけ、平成三年十月内閣総理大臣官房より『平成即位の礼記録』を出版し、宮内庁としても、将来のために大礼記録を残す必要を考え、平成六年九月『平成大礼記録』を編纂刊行、各省各都道府県等にも配布した。

しかし、さらに国民一般向けに、その要点を正しく伝えておくことは必要ではなかろうか。殊に昭和大礼時には、その盛儀に先立ち、三浦周行博士ほか國史講習會の面々が『御即位禮と大嘗祭講話』を刊行し、また関根正直博士が『御卽位大嘗祭大禮要話』を謹著し、その正しい理解につとめられたが、平成時には学界その他で、過去の儀についての着実な研究成果報告を出された一方で、それに倍して、殊に大嘗祭についてあらぬ妄説を記した書が流布し、それが外国にまであらぬ誤解を生じさせることとなった。過去に全く例のなかったことである。このような点からも、平成の大礼について、その大要を正しく記し、国民がたやすく手にして、その真義を理解し得る書を残しておくことが、将来のためにも必要と痛感させられた。

その平成の大礼に、掌典職掌典、祭事課長として奉仕させて頂いた私は、職掌としての他に、それを一般の人々のために記録させて頂く責務もあることと考え、直接の職掌外のことも、出来る限り忠実にその要点をと努力し、記させて頂いたのが本書である。本書記述の目的を知って頂きたい。本書の内容の責任は、すべて私個人にある。

平成十四年十二月二十三日

鎌田純一

目次

序章　即位の礼の構成要素

即位の礼、その儀式、行事は如何行われるか。それは外国の国王が、その国の伝統、文化を基礎にそれぞれの儀式、行事をなし、位につくと同様、わが国の場合も古来の伝統を基礎になさるべきであろうが、その伝統に従っての即位の礼の根幹、その構成要素とすべきものは何か。わが国の場合、その即位の礼の構成要素というべきものを、正史たる『日本書紀』に、まず尋ねみるべきであろう。そこに見出し得るのではないか。よって、それをみるに、『日本書紀』巻三に第一代の神武天皇の即位について、

辛酉《ノ》年春正月庚辰《ノ》朔、天皇即帝位《アマツヒツギシロシメス》於橿原《ノ》宮《ニ》。是《ノ》歳《ヲ》為《ス》天皇《ノ》元年《ト》。尊正妃《ビムカヒメヲ》為《シ給フ》皇后《ト》。生《ウミ給フ》皇子《ミコ》神八井耳命《カムヤヰミミノミコト》・神渟名川耳尊《カムヌナカハミミノミコトヲ》。故《カレ》古語称之《ニホメマオシテ》曰《ス》、於畝傍之橿原《ニ》也、太立宮柱《ミヤバシラフトシキタテ》於底津磐之根《ソコツイワノネニ》、峻峙《タカシリテ》搏風《チギ》於高天之原《タカマノハラニ》、而始馭天下之《ハツクニシラススメラ》天皇《ミコトト》、号《ミナヲ》曰《ス》神《カム》日本《ヤマト》磐余《イハレ》彦《ヒコ》火々出《ホホデ》見天皇《ミノスメラミコトト》焉。

とある。そのあと、代々「即天皇位」と即位されたことを記すが、その儀式、行事等について記されていない条が続く。そして『日本書紀』巻三十持統《じとう》天皇の条に、

四年春正月《ノ》戊寅《ノ》朔、物部《ノ》麻呂《ノ》朝臣樹《ツ》大盾《ヲ》。神祇伯中臣《ノ》大嶋朝臣読《ム》天神壽詞《ヨゴトヲ》。畢《オハリテ》

忌部《ノ》宿禰色夫知《シコフチ》奉《タテマツル》二上神璽《ミシルシノ》剣鏡《ヲ》於皇后一《ニ》（天武天皇の皇后即ち持統天皇のこと）。皇后即二天皇位《アマツヒツギシロシメシ給フ》一。公卿百寮《マヘツギミツカサツカサ》、羅列《ツラナリテ》匝《アマネク》拝《オガミマツリ》、而拍《ツ》レ手《ヲ》焉。己卯、公卿百寮、拝《ミカドヲガミスル》朝如《コト》二元會儀《ムツキノツイタチノヨソホヒノ》一。丹比《ノ》嶋《ノ》真人与二布勢御主人《フセノミウシノ》朝臣一《ト》。奏二賀騰極《ヒツギヨロコブコトヲ》一。庚辰。宴《トヨノアカリシ給フ》二公卿《ニ》於内裏一《ニ》。仍《リテ》賜《フ》二衣裳《キモノヲ》一。

とあり、翌五年十一月の条に、

十一月戊辰朔辛卯、大嘗《オホニヘ》。神祇伯中臣《ノ》朝臣大嶋読二天神壽詞《アマツカミノヨゴトヲ》一。壬辰《ツ》賜《フ》二公卿《ニ》食衾《フスマヲ》一。乙未、饗《ミアヘシ給フ》三公卿《ヨリ》以下至《ルマデニ》二主典《ニ》一。幷《ビニ》賜《フ》二絹等《ヲ》一、各有《リ》レ差《シナ》。丁酉、饗下神祇官《ノ》長上以下、至《ルマデ》二神部等《ニ》一、及供奉《ビツカヘマツル》播磨《ノ》国因幡《ノ》国《ノ》郡司以下。至中百姓《オホミタカラノ》男女上《ニ》、幷《ニ》賜《フ》二絹等《ヲ》一。各有レ差《シナ》。

とみられる。すなわち、ここで初めて、物部《もののべ》氏が大盾《おおだて》を立て、神祇伯（神祇官の長官）が天神《あまつかみの》寿詞《よごと》奏上のあと、忌部《いんべ》氏が神璽剣鏡を奉《たてまつ》り、即位され、あと群臣が列立して拝礼し、あと饗宴があったことがみられ、その翌年十一月に大嘗《だいじょう》祭《さい》があり、神祇伯の天神寿詞奏上があり、あと大饗《だいきょう》のあったことが知られ、その時の悠紀《ゆき》国《のくに》は播磨《はりま》、主基《すき》国《のくに》は因幡《いなば》であったことも知られる。

即位の礼、それについて『日本書紀』をみるに、持統天皇の御代に、漸くその構成要素とすべきものが詳しくみられる。即位式、大嘗祭、大饗の三要素についてである。これを即位の礼の根幹、構成要素とみてよいであろう。あと代々このことがなされて来たのであり、代々これを即位の礼の構成要素として踏襲されて来たことがみられる。

第一代神武天皇の即位以後、暫くは代々の即位について、『日本書紀』に詳記されていないが、前例を踏襲されての儀式等が行われていたのであろう。それらを基礎として、この持統天皇の御代に即位の礼について詳しく記されていることより、あるいはその御代に整えられたようにみられるが、そのように儀式、行事をはっきりと定められたのは持統天皇であったのか。

これを確めるため、さらに『日本書紀』をみるに、巻二十九天武《てんむ》天皇二年の条に、

十二月壬午ノ朔丙戌、侍二奉《ツカヘマツル》大嘗一ニ中臣、忌部及神官ノ人等、幷ビニ播磨、丹波二国ノ郡司、亦以シモ下人夫等《ツカタノオホミタカラドモニ》、悉ク賜レフ禄ヲ。因リテ以郡司等ニ、各賜二フ爵《カウブリ》一級一ヲ。

とある。すなわち大嘗祭についての記事である。この記事、また他の諸史料と併せ考えて、大嘗祭は天武天皇の御代より制度として整えられたものとみられている。、毎年の新嘗祭《にいなめさい》の儀を御代はじめに限り、大嘗祭として行われたこと、天武天皇によってなされたこととみられるのであるが、さらにその持統天皇の条にみられる即位の礼の儀、これも天武天皇が種々考慮され、定められたことに従い、天武天皇の皇后であり、続いて皇位を継承された持統天皇がかく即位の礼としてなされたとみてよいとみられるのである。

天武天皇は古代国家体制確立期に、内外の諸情勢を深くみられて諸制を整えられたのである。伊勢の神宮の斎王《さいおう》の制を、『日本書紀』にみられる如く即位後すぐに復興され（推古天皇の御代以降七代の間、とだえていた）、またその神宮の二十年を限っての遷宮《せんぐう》制を定められたことが『太神宮諸雑事記』などよりして知られ、神宮の年中行事の基礎を固められたことも諸史料より知られるのである。また『古事記』序文より、その誦習《しょうしゅう》を命ぜられたのは天武天皇であり、『日本書紀』編纂のことを命ぜられたのも、同書天武天皇十年の記事より天武天皇とみられている。このほか飛鳥浄御原朝廷令を定められ、さらに多くの重要な諸制の刷新をされたのであり、この天武天皇が、神武天皇以来の伝統を踏まえ、即位の礼の儀式、行事についてもよく考えられ、その根幹を定められたとみてよいと考えられるのである。

それよりあと、さらに諸制の整備されるとともに、平安初期までに『延喜式』巻七践祚大嘗祭にもみられるように、詳細に規定され、『西宮記《さいきゅうき》』、『北山抄《ほくざんしょう》』、さらに『江家次第《ごうけしだい》』その他にみられるように実施されて来た。

ただ、長い時代推移のなかで、東洋の一国としてのわが国は、ことに古代に中国文化を多く積極的に受け容れて来たことで、即位の礼において、中国の風の影響を多くうけ、それがまた長く継承されて来たこともあった。しかし、その即位の礼、大嘗祭、大饗との根幹は守られ、ことに大嘗祭は古来の例そのままに継承されて来たのであり、即位の礼の根幹は固守されて来たと云えよう。

明治維新のあと、近代国家としての体制を整えるなかで、これについて古例を十分に調査検討した上で、それに則り明治四十二年『登極令《とうぎょくれい》』が制定された。それはわが国の文化、伝統を実によく抑えての制であった。

平成の大礼は、現行法のもと、伝統、ことに即位の礼の根幹、構成要素とされて来たところを尊重し、現行法に抵触しないことを原則に進められたのである。

第一章　皇位継承に引続いて行われた諸儀式

一　剣璽等承継の儀

昭和六十四年一月七日午前十時、皇居正殿松の間で、「剣璽等承継の儀《けんじとうしょうけいのぎ》」が国の儀式（国事行為たる儀式）として行われた。すなわち、この日午前六時三十三分、先帝が崩御になった。その深い悲しみのうちにも、皇位は一日も空《むな》しくされるべきでなく、この御儀が行われた。

新天皇陛下には、皇太子徳仁親王殿下ほか男子皇族が続かれ、内閣総理大臣、衆議院議長、参議院議長、最高裁判所長官、各国務大臣ら二十六名の列立するなか、正殿松の間に出御《しゅつぎょ》になり、正面御椅子の前にお立ちになられた。その時の新天皇陛下の御服装はモーニングコートに黒ネクタイ、御腕に喪章をおつけになられていた。その新天皇陛下の御前に、先帝の吹上御所「剣璽《けんじ》の間」より御動座の「剣璽」が、それぞれ侍従に捧持され、御前御左、御右の案上に奉安された。続いて、国璽《こくじ》、御璽《ぎょじ》が、御前中央の案上に安《お》かれた。そのあと、参列の諸員の礼をおうけになられたあと、剣璽とともに入御《じゅぎょ》になり、この儀式は終えられた。

なお、これより「剣璽」は新天皇陛下の赤坂御所内に奉安されることとなったのである。

日本国憲法第二条に、

皇位は、世襲のものであって、国会の議決した皇室典範の定めるところにより、これを継承する。

とあり、皇室典範第一章にその皇位継承、その順序について定め、さらに第四条に、

天皇が崩じたときは、皇嗣が、直ちに即位する。

と定められている。そしてその第二十四条に、

皇位の継承があったときは、即位の礼を行う。

とある。ここで「即位」と「即位の礼」と区分していることは分かるが、その具体的な内容について規定されていない。それでこれについて如何されるべきか。旧皇室典範をみるに、第十条に、

天皇崩スルトキハ皇嗣即ち践祚シ祖宗ノ神器ヲ承ク

と定め、続いて第十一条に、

即位ノ礼及大嘗祭ハ京都ニ於テ之ヲ行フ

と定めている。そして、さらにこれらにより、登極令また同附式に践祚、即位の礼、大嘗祭等に

ついて詳細にその諸儀また次第等について規定されていた。

ここで、長いあいだ皇位の継承について、まず先帝の崩御また譲位により「践祚」され、即位の礼、即位式を行われて「即位」されるとの観方は、現行法ではなくされたこととなる。すなわち、現皇室典範第四条の「即位」は、旧皇室典範第十条の「践祚」にあたるが、それはそれとして旧皇室典範第十条の「祖宗ノ神器ヲ承ク」とのことは如何されるべきか、さらに現皇室典範第二十四条の「即位の礼」は、旧皇室典範第十一条の「即位ノ礼及大嘗祭」の「大嘗祭」も含めたものとみるべきか否か、これらについて多くの識者によって論議されて来ていた。

しかし、巷間の論議の問題でなく、現実の問題として政府ではその具体的検討準備を進めざるを得なかった。そして、その具体策について検討されるなかで、「剣璽等承継の儀」は国の儀式とするにふさわしい儀式であるとされたのである。

これは先掲『日本書紀』持統天皇四年の条に、「神璽剣鏡を奉上」と記され、また『古語拾遺』に「是今践祚之日、所レ献神璽鏡剣也」（是《こ》は、今践祚《あまつひつぎしろしめす》日《ひ》に献る所の神璽《みしるしの》鏡剣也）と記すところの伝統が正しく守られたと云えよう。

宮内庁が、内閣官房、内閣法制局その他と慎重に審議し、大正、昭和の場合と異なる法のもとで、伝統を守り、しかも絶対に現行法に抵触しない方法でと当った最初の国の儀式である。先帝崩御の直後、哀しみのなか、臨時閣議を経てのことであった。

この儀の前掲の次第に関連して、大正、昭和時に拠られた登極令附式は次の如くである。

剣璽渡御ノ儀

時刻賢所第一日ノ式ヲ行フト同時大勲位国務各大臣枢密院議長元帥便殿ニ班列ス

但シ服装通常服通常礼装関係諸員亦同シ

次ニ出御御通常礼装又ハ御通常服、御椅子ニ著御

式部長官宮内大臣前行シ侍従長侍従侍従武官長侍従武官御後ニ候シ

皇太子又ハ皇太孫、以下之ニ倣フ親王王供奉ス

次ニ剣璽渡御侍従奉仕国璽御璽之ニ従フ内大臣秘書官捧持

式部次長内大臣前行シ侍従武官扈従ス

次ニ内大臣剣璽ヲ御前ノ案上ニ奉安ス

次ニ内大臣国璽御璽ヲ御前ノ案上ニ安ク

次ニ入御

式部長官宮内大臣前行シ侍従剣璽ヲ奉シ侍従長侍従侍従武官長侍従武官御後ニ候シ

皇太子親王王供奉ス

次ニ内大臣国璽御璽ヲ奉シテ内大臣秘書官捧持退下

次ニ各退下

すなわち、前例を考慮しながらも、現在の職制にあわせ、実施されたことがよく理解されるであろう。

二　賢所の儀

宮殿での「剣璽等承継の儀」と時刻を合わせ、賢所では、掌典長《しょうてん》以下掌典職《しょく》限りで、「賢所の儀」に奉仕した。これも前例によるもの、登極令第一条に、

天皇践祚ノ時ハ　即チ掌典長ヲシテ賢所ニ祭典ヲ行ハシメ　且　践祚ノ旨ヲ皇霊殿神殿ニ奉告セシム

とあるこれに準拠してのことである。この登極令第一条は、皇位の本来、すなわち先掲の『日本書紀』持統天皇条の「神璽剣鏡」、『古語拾遺』に記す「神璽鏡剣」なる語で表現されて来たところ等をふまえ、定められた先掲旧皇室典範第十条等をもととしてのものなること、よく理解できるところであろう。さらに宮殿での「剣璽等承継の儀」と同時刻に斎行の意味もよく理解されよう。ただ、現在の法の下で「剣璽等承継の儀」は国の儀式として行われ、この「賢所の儀」は、次に記す「皇霊殿神殿に奉告の儀」とともに、皇室の行事として、公務員ではない内廷職員たる

掌典職により奉仕されたのも、現行法のもとでのことである。
その次第について、登極令附式に、

第一編　践祚ノ式

賢所ノ儀三日間之ヲ行フ但シ第二日第三日ノ儀ハ御告文ナシ

時刻御殿ヲ装飾ス
次ニ御扉ヲ開ク
次ニ神饌色目時ニ臨ミ之ヲ定ム、以下神饌又ハ幣物ニ付キ別ニ分注ヲ施ササルモノハ皆之ニ倣フヲ供ス
次ニ掌典長祝詞ヲ奏ス
次ニ御鈴ノ儀アリ内掌典奉仕
次ニ天皇御代拝掌典長奉仕、衣冠単御告文を奏す
次に皇后御代拝掌典奉仕、衣冠単
次ニ神饌ヲ撤ス
次ニ御扉ヲ閉ツ
次ニ各退下

皇霊殿神殿ニ奉告ノ儀

其ノ儀賢所第一日ノ式ノ如シ（御鈴ノ儀ナシ）

とみられるところに準拠して、次第を立て、神饌丸物十一台を献じ、掌典長祝詞奏上、御鈴の儀のあと、掌典長は服装を附式に注記する衣冠単に改め、「天皇御代拝」の時刻が、宮殿松の間での「剣璽等承継の儀」の午前十時と合致するようにして進行、御代拝が御告文を奏した。通例「御告文《おつげぶみ》」とは天皇陛下御親ら奏されるものであり、勅使の奏するそれは「御祭文《ごさいもん》」と称するが、諒闇に入られた新天皇陛下は賢所での祭祀を御親らなされないため、掌典長が御代拝御告文を奏したのである。この御告文は予め準備したが、この祭典の直前、裁可を仰ぎ奏された。ついで新皇后陛下の御代拝を掌典次長が奉仕をした。つぎに神饌を撤し、この御儀を滞りなく終えた。

なお、ここに記しておくが、諒闇中も掌典職は特に喪を服さず、神事奉仕に専心させて頂くこととなっている。

三　皇霊殿神殿に奉告の儀

賢所に準じてなされた。

なお、賢所の儀、皇霊殿神殿に奉告の儀は、登極令附式によった前例に準じ、三日間、すなわち、一月八日、一月九日にも行われた。但し、お告文等の儀はないことも、前例に準じてのことである。

付　賢所　皇霊殿　神殿

ここで、賢所《かしこどころ》、皇霊殿《こうれいでん》、神殿《しんでん》、いわゆる宮中三殿について記しておきたい。

賢所は皇室の御祖先天照大御神《あまてらすおおみかみ》を奉斎される。それは天孫降臨時の天照大御神の神勅によってである。すなわち、『日本書紀』巻第二に天孫降臨に当って、天照大御神が宝鏡を手にされて、「視二此宝鏡一、当レ猶レ視レ吾、可三与同レ床共レ殿、以為二斎鏡一」（此の宝鏡を視《み》まさんこと、当《まさ》に吾《あれ》を視るがごとくすべし。与《とも》に床《みゆか》を同《おなじ》くし、殿《みあらか》を共にして、斎 鏡《いわいのかがみ》とすべし）と仰せられたことに発し、その降臨以後、同床 共殿《どうしょうきょうでん》すなわち宮殿のなかで、奉斎されて来たが、崇神天皇の御代、それを畏れ多いとされ、宮殿とは別に神殿を建て奉斎されることとし、豊鍬入姫 命《とよすきいりひめのみこと》に託《つ》けて倭《やまと》の笠縫 邑《かさぬいのむら》に神殿を建て、そこで祭らせられ、あと垂仁天皇の御代、さらに佳《よ》き宮 処《みやどころ》をと求め、伊勢の五十鈴《いすず》の川上に祭られることとなったが、『古語拾遺』にみられるように、その別殿とされる時、改めて宮中用の御鏡を鋳させられ、それを神体として同床共殿で奉斎されて来たが、平安初期になり、別殿とされて以来、現在に至っている。古く畏所、恐所とも記され、内《ない》侍所《しどころ》とも称された。明治二年遷都のあと、いまの皇居内山里の地に奉斎されていたが、明治六年五月の火災により、赤坂離宮内に遷され、明治二十二年一月九日、現在の地に遷された。

皇霊殿は神武天皇以来の天皇、皇后、皇妃、皇親方を奉斎している。その成立は明治四年九月のことである。明治以前、いつの頃からか宮中にもお黒戸《くろど》と称されるところがあり、そこで仏式でまつられることが続いていたが、それとは別に神祇伯の白川家で八神（後述する）とともに、天皇の御霊を奉斎していたことが『長橋局記』などにみられる。それらをうけ、明治維新後、二年十二月に神祇官仮神殿に、八神、天神地祇とともに、歴代天皇の大神霊を奉斎した。しかし、四年八月神祇官を廃し、改めて神祇省を置かれたことで、九月その歴代天皇の大神霊を宮中の賢所に遷座、奉斎されることとなった。そして同十年一月には、さらに歴代天皇だけでなく歴代皇后、皇妃、皇親方も合祀され、明治二十二年一月以降、現在の如く別殿として奉斎されることとなった。

神殿は天神《あまつかみ》　地祇《くにつかみ》　八百万神《やおよろずのかみ》を奉斎する。

古く『延喜式』に「宮中神卅六座」と記している。しかし、中世以降衰《すた》れ、神祇官僚家の白川、吉田両家で、そのうちの御巫祭神《みかんなぎのまつるかみ》八座（神産日神《かんむすびのかみ》、高御産日神《たかみむすびのかみ》、玉積産日神《たまつめむすびのかみ》、生産日神《いくむすびのかみ》、足産日神《たるむすびのかみ》、大宮売神《おおみやめのかみ》、御食津神《みけつかみ》、事代主神《ことしろぬしのかみ》）、いわゆる宮中八神（先掲の八神）のみをそれぞれ自邸内で奉斎して来た。明治維新のあと、明治二年六月神祇官で神座を設け、天神地祇と歴代天皇の大神霊を招き奉斎のあと、同年十二月には仮神殿を設け、その中央に前述の八神、東座に天神地祇、西座に歴代天皇の大神霊を奉斎した。このうちの歴代天皇の大神霊を明治四年九月宮中賢所に遷座のこと、前述の如くであるが、明治五年三月になり、神祇省も廃され、教部省が置かれたことで、同年四月その神祇省で奉斎されていた八神、天神地祇を宮中に奉遷した。そして、同年十一月、八神、天神地祇の二座を合わせ奉ることとし、あと明治二十二年以降現在の如く奉斎されて来た。

この三殿は単層入母屋造《いりもやづく》り、御屋根ははじめ桧皮葺《ひはだぶき》であったが、明治三十八年銅板葺に改められ、現在にいたっている。

その配置図は別掲（34頁）の如くであるが、現在三殿の祭祀は賢所、皇霊殿、神殿の順であり、説明もそれに従った。

この宮中三殿に対して年中恒例の祭祀のほか、国家、皇室の大事は、まず賢所、つぎに皇霊殿、神殿に奉告されて来ている。

この宮中三殿、また神嘉殿、山陵等での、いわゆる皇室祭祀のことをつかさどるために、内廷に掌典職が置かれている。すなわち、現法制下、公務員でなく、内廷職として置かれている。

その掌典職に現在掌典長一名、掌典次長一名、掌典五名、内掌典五名などの職員が置かれているが、内掌典は未婚の女性に限られており、すべて祭事に従事しているが、大礼時にはこの人員だけでは不足するため、臨時に委嘱掌典を必要に応じ委嘱された。

[宮中三殿配置図]

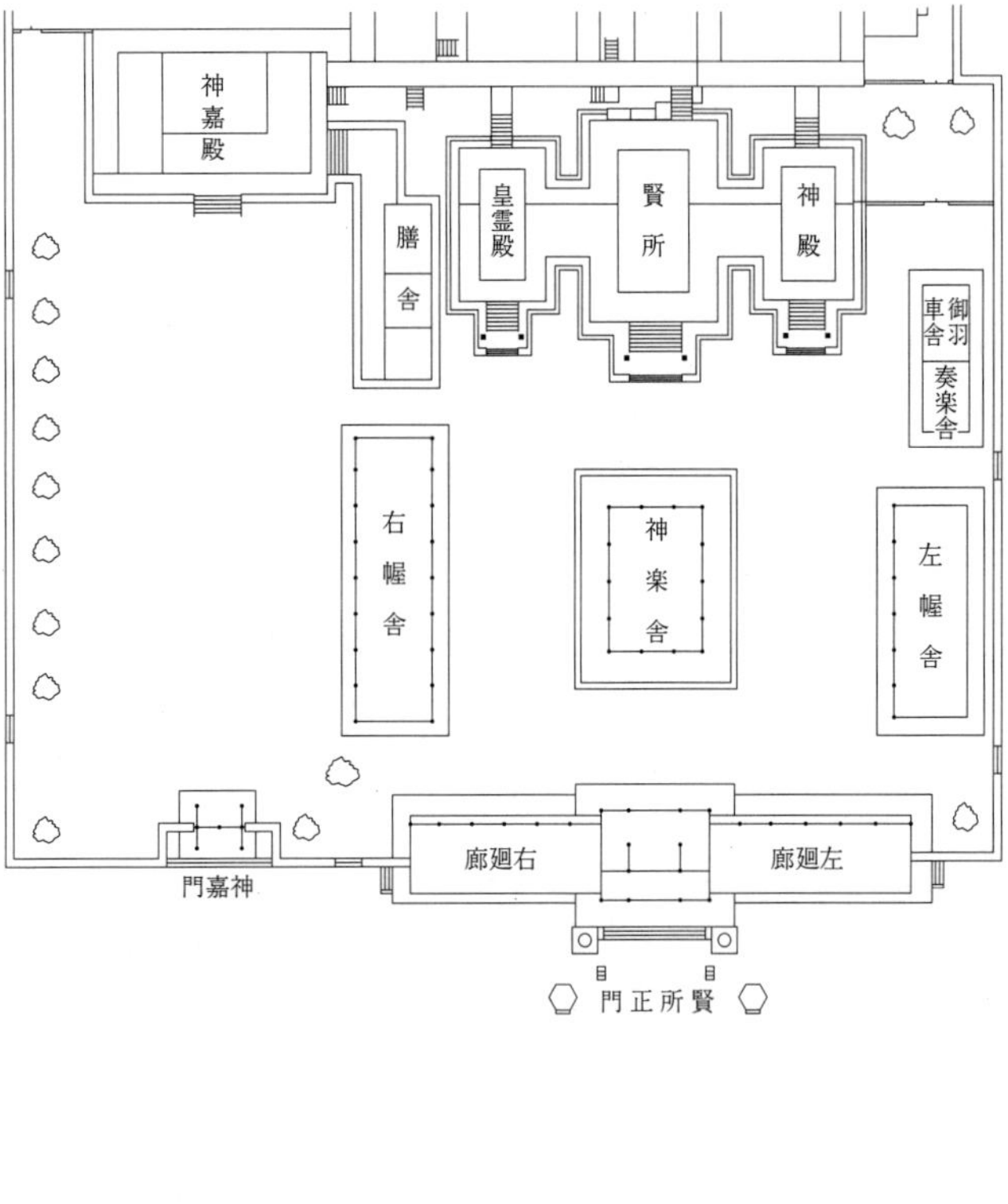

四　即位後朝見の儀

この儀も古代よりの例、また前例を参酌し、国事行為にふさわしい儀式として、臨時閣議を経ての内閣告示により平成元年一月九日午前十一時から、皇居正殿松の間で行われた。

この日、三権の長、また国会、地方自治体の代表ら二百数十名が参列したが、午前十一時、天皇陛下は式部官長、宮内庁長官の前行で出御《しゅつぎょ》せられ、続いて皇后陛下、皇太子殿下、皇族方がお出ましになられた。天皇陛下、男子皇族はモーニングコートに黒ネクタイ、喪章をつけられ、皇后陛下、女子皇族は黒のロングドレスに、黒色ベールのついた帽をお召しになられ、天皇・皇后両陛下が正面の御座に着かれ、その御右（向ってお左）に皇太子殿下、礼宮殿下、常陸宮殿下、三笠宮殿下、三笠宮寛仁親王殿下、高円宮殿下がお並びになられ、その御左（向って御右）に常陸宮妃殿下、秩父宮妃殿下、高松宮妃殿下、三笠宮妃殿下、寛仁親王妃殿下、高円宮妃殿下がお並びになった。

つぎに、天皇陛下は侍従長が捧持した「お言葉書」をおうけになり、「お言葉」をお述べになられた。

つぎに、参列者を代表して内閣総理大臣が御前に進み、一礼ののち、「奉答文」を奏上し、参列者一同一礼した。

そのあと、天皇陛下は式部官長、長官の前行で入御《じゅぎょ》になり、皇后陛下、皇太子殿下、皇族方もお続きになり退出された。

このとき、賜わったお言葉はつぎの如くである。

お言葉

大行天皇の崩御は、誠に哀痛の極みでありますが、日本国憲法及び皇室典範の定めるところにより、ここに、皇位を継承しました。

深い悲しみのうちにあって、身に負った大任を思い、心自ら粛然たるを覚えます。

顧みれば、大行天皇には、御在位六十有余年、ひたすら世界の平和と国民の幸福を祈念され、激動の時代にあって、常に国民とともに幾多の苦難を乗り越えられ、今日、我が国は国民生活の安定と繁栄を実現し、平和国家として国際社会に名誉ある地位を占めるに至りました。

ここに、皇位を継承するに当り、大行天皇の御遺徳に深く思いをいたし、いかなるときも国民とともにあることを念願された御心を心としつつ、皆さんとともに日本国憲法を守り、これに従って責務を果すことを誓い、国運の一層の進展と世界の平和、人類福祉の増進を切に希望してやみません。

また、内閣総理大臣竹下登が奏した奉答文はつぎの如くである。

奉　答　文

謹んで申し上げます。

大行天皇には、国民の切なる願いもむなしく崩御あらせられ、誠に哀痛措くところを知りません。

ここに、皇位を継承せられた英邁なる天皇陛下から、日本国憲法を遵守し大行天皇の御徳業を継述するとともに、国運の一層の進展と世界の平和、人類福祉の増進を切望するとのおことばを賜りました。

国民一同、日本国憲法の下、天皇陛下を国民統合の象徴と仰ぎ、世界に開かれ、活力に満ち、文化豊かな日本を建設し、世界の平和と人類福祉の増進のため、更に最善の努力を尽すことをお誓い申し上げます。

参考に『登極令』を掲げるに、

践祚後朝見ノ儀

当日何時文武高官有爵者優遇者朝集所ニ参集ス召スヘキ者ハ時ニ臨ミ之ヲ定ム、以下別ニ分注ヲ施ササルモノハ皆之ニ倣フ
但シ服装男子ハ大礼服正装服制ナキ者ハ通常礼服女子ハ中礼服袿袴ヲ以テ之ニ代フルコトヲ得関係諸員亦同シ

次ニ式部官前導諸員正殿ニ参進本位ニ就ク

次ニ式部官警蹕ヲ称フ

次ニ天皇御正装出御御椅子ニ著御

式部長官宮内大臣前行シ侍従剣璽ヲ奉シ侍従長侍従侍従武官長侍従武官御後ニ候シ皇太

子親王王供奉ス

次ニ皇后（御中礼服）出御（御椅子に著御）

皇后宮大夫前行シ女官御後ニ候シ皇太子妃（又ハ皇太孫妃、以下之ニ倣フ）親王妃内親王王妃女王供奉ス

次ニ勅語アリ

次ニ内閣総理大臣御前ニ参進奉対ス

次ニ天皇皇后入御

供奉警蹕出御ノ時ノ如シ

次ニ各退下

（注意）天皇未成年ナルトキハ勅語ノ項ヲ「摂政御座ノ前面ニ参進東方ニ侍立シ勅語ヲ伝宣ス」トス

とある。これは勿論、これのみならず、古来の例も慎重に調査の上、検討を重ねなされた儀式である。

付　元号のこと

わが国で、孝徳天皇の御代、「大化」と定められて以降の元号について、明治よりあと旧皇室典範第十二条に、

践祚ノ後元号ヲ建テ一世ノ間ニ再ヒ改メサルコト明治元年ノ定制ニ従フ

と定められ、一世一元制が確立せられたが、この旧皇室典範が廃され、新しく定められた現行の皇室典範に元号についての条文がなく、よってこれについて、長く多くの人びとに案ぜられていたが、昭和五十四年六月十二日、法律第四十三号で元号法が施行された。すなわち、

元号は、皇位の継承があった場合に限り改める。

と定められた。この法では、これを閣議で「元号は、政令で定める」とされたため、昭和六十四年一月七日、「剣璽等承継の儀」のあと、首相の指示で、官房長官が原案を選び、有識者による「元号に関する懇談会」等を経て、午后臨時閣議を開き「元号を改める政令」を決定、官房長官より午後二時三十五分に、新元号を「平成」とする旨発表、翌一月八日より平成の元号を使用されることとなった。

この原案も、古例を踏襲し、漢籍のなかより選ばれたもので、『史記』五帝本紀に「内平外成」とあり、また『書経』大禹謨《だいうぼ》に「地平天成」とみられることなどより勘案、提出されたものである。この一月七日午后、官房長官よりの正式発表時に、この「平成」につき、「国の内外にも、天地にも、平和が達成される」との意味がこめられており、「新しい時代の元号にするに最もふさわしいもの」との、改元に際しての内閣総理大臣談話を告げたが、その談話で、さらに「元号は、一、三〇〇年余の歴史を有しております。単に年を表示する手段としてだけでなく、長い歴史の中で日本人の心情に溶け込み、日本国民の心理的一体感の支えにもなっております。この新しい元号も、広く国民に受け入れられ、日本人の生活の中に深く根ざしていくことを心から願っている次第であります。」と語られていた。

第二章

即位礼正殿の儀及び大嘗祭並びに関連諸儀式・行事

一　基本方針と実施計画の決定

平成元年度に入り、宮内庁で、また内閣で、それぞれ「即位の礼」を如何なる方法で行うか、具体的に検討し始めた。

宮内庁で、その検討、準備のため、幹部職員らが、毎週水曜日を定例とし、さらに臨時に、仮に勉強会と称して問題検討に当り、さらに各部、職等ごとに細かく検討、準備に当った。

このような準備のなかで、例えば宮内庁長官以下多くの服装、衣冠束帯等は、この年度中に発注しなければ、絹、麻、その他、その原料生産の季節の関係、また機織《はたおり》業者の昭和初期とは大きく変化しているなかで、間に合わないものが多いが、その参列員、就役者は大きく変化させられるかも知れず、服装も前例によらず、新しく定められることも考えられ、現実的には各部、職とも大変な作業であった。

平成元年六月二十九日、内閣総理大臣により、即位の礼に関する諸問題について調査、検討するため、即位の礼検討委員会を設置することが決定された。その委員会の構成は、委員長内閣官房副長官（事務）、副委員長内閣法制次長、宮内庁次長、委員内閣官房首席内閣参事官、内閣官房内閣参事官（人事担当）、内閣官房内閣参事官（会計担当）、内閣法制局第一部長、宮内庁長官官房審議官とし、委員長は必要があると認めるときは、構成員以外の者の出席を求めることができるとされ、また必要に応じて小委員会を置くことが出来ると定められた。

また、宮内庁にも大礼検討委員会が設置された。その内規の第一条に「大礼に関する諸問題について、調査し、検討するため、宮内庁に大礼検討委員会を置く」とあるが、その構成は、委員長宮内庁長官、副委員長宮内庁次長、侍従長、皇太后宮大夫、東宮大夫、式部官長、委員審議官、宮務主管、皇室経済主管、侍従次長（二人のうち委員長の指名する者）、式部副長（二人）、書陵部長、管理部長、参事委員長の委嘱する者とし、委員長は、必要があると認めるときは、構成員以外の者の出席を求めることができるとされ、平成元年七月五日の第一回大礼委員会には、その構成に加えて内廷の掌典職掌典長が出席し、参事席に長官官房主計課長らがつき、掌典職祭事課長も出席した。

そこで、即位の礼、大嘗祭等の先例等について審議されたが、明治、大正、昭和の先例について、その儀式、期日、その内容、参列者、服装等資料により確認の上、さらに主要検討事項について、あと回を重ね当るなかで、例えば参列者について検討するなかで、国内だけでなく、外国の戴冠式、即位式の場合の例等についての具体的な資料にも当り検討したのであり、急を要する儀式における装束着装区分等について、明治以降の例だけでなく、古例についても、書陵部ほかで懸命に調査の上検討を重ねたのであった。

そのあと、平成元年九月二十六日、閣議で即位の礼準備委員会の設置を決定され、具体的にその準備に入ったが、その基本方針として、伝統を尊重し、しかも日本国憲法以下現行法に抵触せず、そのなかで実施することとし、その諸儀の由来、性格等一つ一つを慎重に検討し、国事行為として実施するもの、皇室の行事として実施するもの、内廷行事として実施するものと、大きく三区別して当ることとされ、さらに検討を重ねられて来た。

平成二年一月八日、閣議で、即位の礼委員会の設置が決定された。

すなわち、(1)即位の礼に関する諸問題について協議し、総合的かつ円滑な対応を図るため、内閣に、即位の礼委員会を設置されたのであり、(2)委員会の構成は、委員長内閣総理大臣、副委員長内閣官房長官、委員内閣法制局長官、内閣官房副長官（政務）、内閣官房副長官（事務）、宮内庁長官とし、必要があると認めるときは、委員長は構成員を追加することができるとし、(3)委員会の庶務は、関係行政機関の協力を得て、内閣官房において処理する。(4)上記のほか、委員会の運営に関する事項その他必要な事項については、委員長が定めることとされ、平成元年九月二十六日の閣議で決定された即位の礼準備委員会は廃止された。

それにより同日、宮内庁に大礼に関する重要事項を審議し、その執行の円滑化を図るため、大礼委員会がおかれ、委員長宮内庁長官、副委員長宮内庁次長、侍従長、皇太后宮大夫、東宮大夫、式部官長、委員審議官、宮務主管、皇室経済主管、侍従次長（二人のうち委員長の指名する者）、式部副長（二人）、書陵部長、管理部長、参事委員長の委嘱する者で構成された他、細かくさらに規定されて、大礼委員会が具体的に動いた。

それにより、まずつぎの如く諸儀等が示された。

大礼関係諸儀式等

一、儀式

賢所に期日奉告の儀

皇霊殿神殿に期日奉告の儀

神宮神武天皇山陵及び前四代の天皇山陵に勅使発遣の儀

神宮に奉幣の儀

神武天皇山陵及び前四代の天皇山陵に奉幣の儀
斎田点定の儀
斎田抜穂の儀
即位礼当日賢所大前の儀
即位礼当日皇霊殿神殿に奉告の儀
神宮に勅使発遣の儀
大嘗祭前一日鎮魂の儀
大嘗祭当日神宮に奉幣の儀
大嘗祭当日賢所大御饌供進の儀
大嘗祭当日皇霊殿神殿に奉告の儀
大嘗宮の儀
　悠紀殿供饌の儀
　主基殿供饌の儀
大饗の儀
即位礼及び大嘗祭後神宮に親謁の儀

即位礼及び大嘗祭後神武天皇山陵及び前四代の天皇山陵に親謁の儀
即位礼及び大嘗祭後賢所に親謁の儀
即位礼及び大嘗祭後皇霊殿神殿に親謁の儀
即位礼及び大嘗祭後賢所御神楽の儀

（注）上記の儀式に関連して次の行事を行う。

大嘗宮地鎮祭
斎田抜穂前一日大祓
悠紀主基両地方新穀供納
大嘗祭前二日御禊
大嘗祭前二日大祓
大嘗祭前一日大嘗宮鎮祭
大嘗祭後一日大嘗宮鎮祭
大嘗祭後大嘗宮地鎮祭

二、行事

園遊会
一般参賀
茶会（京都において行う）

諸儀式、およそ前例、すなわち昭和大礼を参酌し構成されたことがみられよう。また、古来の伝統をよく継承したものと理解できよう。

巷間、すべて前例通りに、しかもすべて国事行為としてとの論もあったが、前例と異なる法のもと、ことに政教分離の原則のほか、あらゆる条件を検討、慶事に違法、失敗は許されないと念に念を入れての準備の結果である。

前例は旧皇室典範第十一条に、

即位ノ礼及大嘗祭ハ京都ニ於テ之ヲ行フ

とあり、またこれを基礎としての登極令に着実に準拠されてのものであったが、この場所の点でも検討された。世間に旧皇室典範のこの条成立の旨趣を尊重して、即位の礼、大嘗祭両方とも必ず京都で行われるべきであるとの意見があり、また即位の礼は東京で、大嘗祭は京都で、さらに即位の礼、大嘗祭ともに東京でとの意見も出され、そのための運動もあったが、内閣、宮内庁で関係方面に広く当り、両方とも東京でとのことに落着いた。それは、前例また大正大礼と比較し、各省庁協力しての組織をとれる体制下になく、まず輸送、移動の点での困難、宿舎の問題、ことに前代に比し、外国の数も倍以上であり、その賓客要人の宿泊設備も京都の現況では無理とせざるを得ない等々多く問題について多角度的に検討に検討を重ねての結果であり、さらには京都で行われる間、国務に支障を来すことが考えられるとのことが根本にあってであった。

それで、東京でとして、即位の礼は宮殿を中心としてと比較的早く内定したが、大嘗祭はその大嘗宮の規模、参列者幄舎の規模等について案をつくるにも容易でなく、またその場も皇居内としてもそれをどことするか、それを決定するのに時間のかかる間に、夜間のこの儀を考慮し、吹上御苑、東御苑それぞれの夜間に聞える周辺よりの騒音の比較、周辺ビルの夜間の灯火の状況等々を比較計量したのであり、さらにその工事関係車輌の出入問題等々も考え、結局東御苑が有力候補とされるようになり、その規模も前例と同等にと考えられるようになっていた。

ここで、その即位の礼、大嘗祭を行うとして、その期日について、各方面より早く案を出すよう求められていた。国会との関係、さらに諸外国の状況もあり、諸外国へ早く通知する必要等々もあり、早く案を出すことが求められたのである。

それにより、前例の昭和大礼では、大正大礼の期日を尊重し、それをそのままに踏襲されて、

即位の式　十一月十日、大嘗祭　十一月十四日―十五日とされたあとをうけて、この度もこの月日を踏襲してとの案が出されていた。しかし、大嘗祭について、掌典職より例年の新嘗祭の神饌準備の実際より勘案し、十四、五日では神饌中の季節のもの等が間に合わないとの理由で、二十日過ぎとして頂きたいと申し出を出されたこと等々もあり、結局即位の礼は十一月十二日、大嘗祭は十一月二十二日より二十三日にかけてとされた。

ここに、改めて大礼関係諸儀式の名称、その区分、期日、場所等についての、平成二年一月十九日の案を掲げると、つぎの如くである。

大礼関係諸儀式等（予定）について

平成二年一月十九日

名称	期日	場所
○賢所に期日奉告の儀	平成二年一月二十三日	賢所
○皇霊殿神殿に期日奉告の儀	同日	皇霊殿、神殿
○神宮神武天皇山陵及び前四代の天皇山陵に勅使発遣の儀	同日	宮殿

○神宮に奉幣の儀	平成二年一月二十五日	神宮
○神武天皇山陵及び前四代の天皇山陵に奉幣の儀	同　日	各山陵
○斎田点定の儀	平成二年二月八日	神殿
（大嘗宮地鎮祭）	平成二年夏	皇居
（斎田抜穂前一日大祓）	斎田抜穂の儀の前日	別途決定
○斎田抜穂の儀	平成二年秋	斎田
（悠紀主基両地方新穀供納）	別途決定	皇居
○即位礼当日賢所大前の儀	即位礼正殿の儀の当日	賢所
○即位礼当日皇霊殿神殿に奉告の儀	同　日	皇霊殿、神殿
◎即位礼正殿の儀	平成二年十一月十二日	宮殿
◎祝賀御列の儀	平成二年十一月十二日	宮殿～赤坂御所
◎饗宴の儀	平成二年十一月十二日～十五日	宮殿
△園遊会	即位礼正殿の儀の翌日	赤坂御苑
◇内閣総理大臣主催晩餐会	同　日	別途決定
△一般参賀	別途決定	宮殿東庭
○神宮に勅使発遣の儀	別途決定	宮殿
（大嘗祭前二日御禊）	大嘗宮の儀の二日前	皇居

（大嘗祭前二日大祓）	同　日	皇居
○大嘗祭前一日鎮魂の儀	大嘗宮の儀の一日前	皇居
（大嘗祭前一日大嘗宮鎮祭）	同　日	皇居
○大嘗祭当日神宮に奉幣の儀	大嘗宮の儀の当日	神宮
○大嘗祭当日賢所大御饌供進の儀	同　日	賢所
○大嘗祭当日皇霊殿神殿に奉告の儀	同　日	皇霊殿、神殿
○大嘗宮の儀		皇居
悠紀殿供饌の儀	平成二年十一月二十二日	
主基殿供饌の儀	平成二年十一月二十三日	
○大饗の儀	平成二年十一月二十四日 及び二十五日	宮殿
（大嘗祭後一日大嘗宮鎮祭）	大嘗宮の儀の翌日	皇居
○即位礼及び大嘗祭後神宮に親謁の儀	別途決定	神宮
○即位礼及び大嘗祭後神武天皇山陵及び前四代の天皇山陵に親謁の儀	神宮に親謁の儀の後	各山陵
△茶会	京都に行幸の際	京都御所
○即位礼及び大嘗祭後賢所に親謁の儀	神宮及び各山陵に親謁の後	賢所

○即位礼及び大嘗祭後皇霊殿神殿に親謁の儀	同　日	皇霊殿、神殿
○即位礼及び大嘗祭後賢所御神楽の儀	同　日	賢所
（大嘗祭後大嘗宮地鎮祭）	大嘗宮の撤却後	皇居

（注）一　◎は、国事行為として行われ、◇は、政府主催行事として行われる。

二　○は、大礼関係の儀式、△は、大礼関係の行事であり、（　）書きは、儀式に関連する行事である。

三　名称及び期日については、変更があり得る。

二　賢所に期日奉告の儀
皇霊殿神殿に期日奉告の儀

即位礼正殿の儀、大嘗宮の儀の行われる期日を定められたことにより、これをまず、賢所に、また皇霊殿、神殿に天皇陛下御親《おんみずか》ら奉告《ほうこく》される儀が、平成二年一月二十三日に斎行された。

その次第はつぎの如くであり、天皇陛下が御親ら御告文でその期日を奏されたが、今上陛下が賢所で御告文を奏されたのは、この御儀で初めての御事となる。

この御儀での神饌は、賢所、皇霊殿に各折敷高坏《おしきたかつき》六基、折櫃《おりびつ》二十合、酒二瓶あて、神殿に平盛《ひらもり》十一基、酒二瓶あて、幣物は、賢所、皇霊殿、神殿各錦《にしき》一巻、紅白《こうはくのはく》帛三匹、細布《さいふ》三匹あてであった。

賢所に期日奉告の儀

一月二十三日午前八時三十分、御殿を装飾する。

午前十時十分、参列の諸員が休所に参集する。
次に皇太子、親王、親王妃及び内親王が賢所参集所に参集される。
次に天皇、皇后が綾綺殿にお入りになる。
次に天皇に御服を供する（侍従が奉仕する）。
次に天皇に御手水を供する（侍従が奉仕する）。
次に天皇に御笏を供する（侍従が奉仕する）。
次に皇后に御服を供する（女官が奉仕する）。
次に皇后に御手水を供する（女官が奉仕する）。
次に皇后に御檜扇を供する（女官が奉仕する）。
次に御扉を開く。
　この間、神楽歌を奏する。
次に神饌及び幣物を供する。
　この間、神楽歌を奏する。
次に掌典長が祝詞を奏する。
次に大礼委員が着床する。

次に諸員が参進して幄舎に着床する。
　式部官が誘導する。
次に皇太子、親王、親王妃及び内親王が参進して幄舎に着床される。
　式部官が誘導する。
次に天皇がお出ましになる。
　掌典長が前行し、侍従が剣璽を捧持し、侍従が随従する。
次に天皇が内陣の御座にお着きになる。侍従が剣璽を捧持し、外陣に候する。
次に天皇が御拝礼になり、御告文をお奏しになる（御鈴を内掌典が奉仕する）。
次に天皇が御退出になる。
　前行及び随従は、お出ましのときと同じである。
次に皇后がお出ましになる。
　掌典長が前行し、女官が随従する。
次に皇后が内陣の御座にお着きになる。女官が簀子に候する。
次に皇后が御拝礼になる。
次に皇后が御退出になる。

前行及び随従は、お出ましのときと同じである。
次に皇太子、親王、親王妃及び内親王が拝礼される。
次に諸員が拝礼する。
次に大礼委員が拝礼する。
次に幣物及び神饌を撤する。
　この間、神楽歌を奏する。
次に御扉を閉じる。
　この間、神楽歌を奏する。
次に各退出する。

服装　天皇：御束帯黄櫨染御袍
　皇后：御五衣・御小袿・御長袴
　侍従、掌典長、掌典次長、掌典及び楽長：衣冠単
　女官：袿袴
　内掌典：衣袴、袿袴

掌典補、楽師：布衣単
出仕：雑色
参列諸員：モーニングコート又はこれに相当するもの

お列

掌典長　侍従（剣）　天　皇　侍従（裾）　侍従（璽）
　　　　女官（裾）
掌典長　皇　后
　　　　女官（裾）

皇霊殿に期日奉告の儀

神殿に期日奉告の儀

賢所の式と同じ（御鈴の儀はない）。

また、その参列諸員はつぎの如くであった。

内閣総理大臣、衆議院議長、参議院議長、最高裁判所長官、国務大臣二十名、衆議院副議長、参議院副議長、最高裁判所判事（長官代行）、認証官総代一名、事務次官総代一名、都道府県総代二名、市町村総代四名、（以上国及び地方の代表者三十五名）、内閣官房副長官二名、内閣法制局長官、衆議院事務総長、参議院事務総長、最高裁判所事務総長、警察庁長官、警視総監、東京都知事、皇宮警察本部長、総理府次長、外務事務次官、宮内庁関係者四名、即位の礼委員二名、大礼委員二名、（以上その他別に定める者二十名）

三　神宮神武天皇山陵及び前四代の天皇山陵に勅使発遣の儀

即位礼正殿の儀、大嘗宮の儀を行われる期日を、賢所、皇霊殿、神殿に天皇陛下御親ら奏上奉告されたあと、前例にならい、その期日をさらに、神宮（伊勢神宮の正式名称）、神武天皇山陵、孝明天皇山陵、明治天皇山陵、大正天皇山陵、昭和天皇山陵に奉告させられるために、その勅《ちょく》使発遣《しはっけん》の儀を、宮中正殿竹の間で、平成二年一月二十三日午後に行われた。この際、種々議論もあったが、天皇陛下の御服装は御引直衣《おひきなほし》（のうし）、勅使の服装は衣冠単帯剣とされ、関係員の服装も前例に準じて定められた。

その次第は次の如くである。

神宮神武天皇山陵及び前四代の天皇山陵に勅使発遣の儀

一月二十三日午後一時、御殿を装飾する。

午後一時五十五分、大礼委員が着床する。
次に勅使が着床される。
次に天皇がお出ましになる。
　式部官長及び宮内庁長官が前行し、侍従が御剣を捧持し、侍従長及び侍従が随従する。
次に幣物《へいもつ》を御覧になる（掌典長が侍立する）。
次に神宮に参向の勅使をお召しになる。
次に御祭文を勅使にお授けになる（宮内庁長官が奉仕する）。
次にお言葉があり、勅使が退いて幣物の傍らに立たれる。
次に幣物を辛櫃《からひつ》に納める（掌典が奉仕する）。
次に勅使が幣物を奉じて御殿を辞される。
次に神武天皇山陵及び前四代の天皇山陵に参向の勅使を順にお召しになる。
次に御祭文を勅使にお授けになる（宮内庁長官が奉仕する）。
勅使が退いて幣物の傍らに立たれる。
次に幣物を辛櫃に納める（掌典が奉仕する）。
次に勅使が幣物を奉じて御殿を辞される。

次に天皇が御退出になる。
　前行及び随従は、お出ましのときと同じである。
次に各退出する。

○

服装　天皇：御引直衣
　勅使：衣冠単（帯剣）
　宮内庁長官、侍従長、侍従、式部官長、掌典長及び掌典：衣冠
　辛櫃奉舁者：衣冠単
　参列者：モーニングコート又はこれに相当するもの

お　列

式部官長　宮内庁長官　天　皇　侍従（裾）　侍従（裾）　侍従（御剣）　侍従長

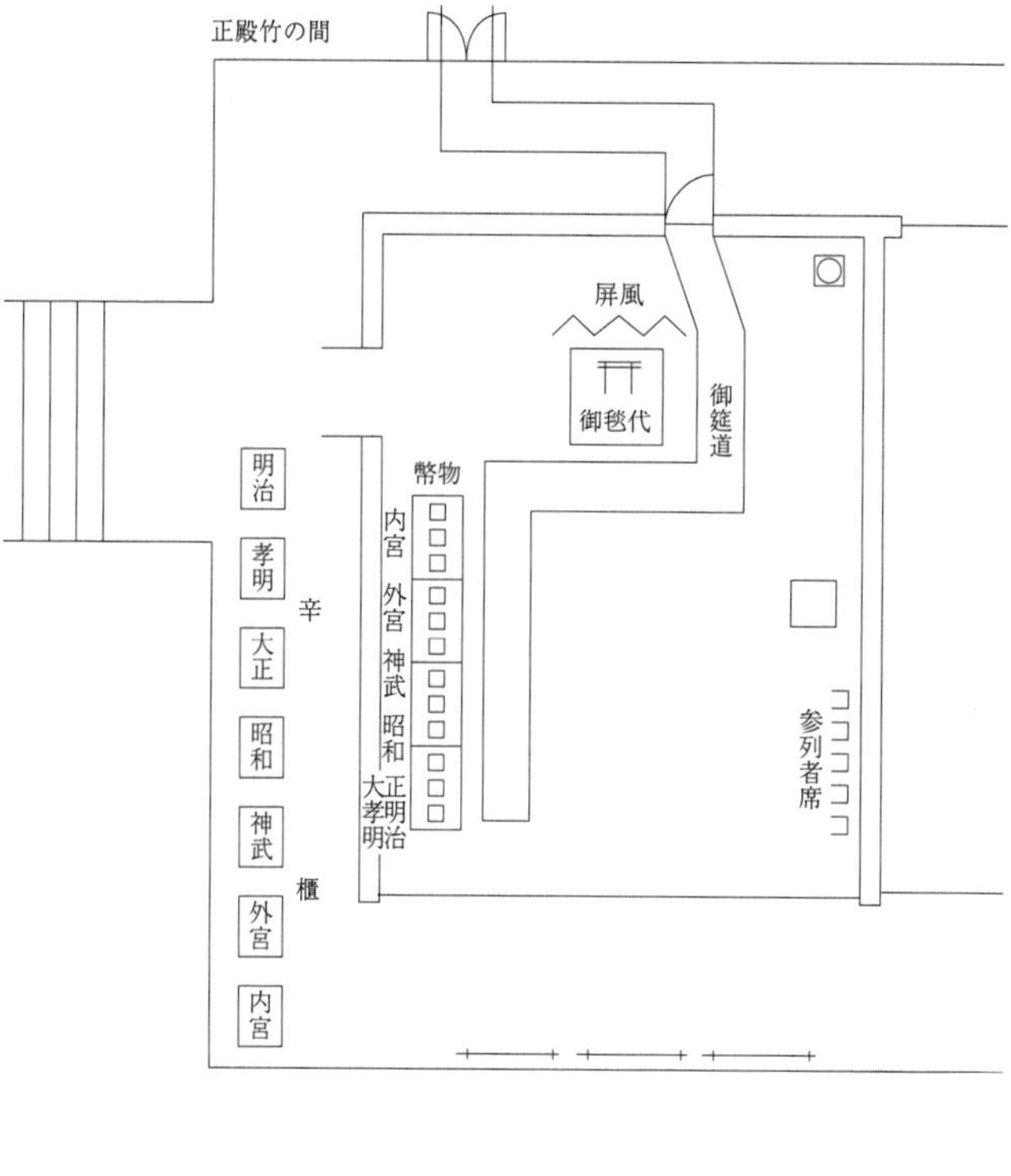
正殿竹の間
屏風
御毯代
御筵道
幣物
内宮
外宮
神武
昭和
大正
孝明
明治
明治
孝明
大正
昭和
神武
外宮
内宮
辛
櫃
参列者席

図面につき説明するに、竹の間上手《かみて》に天皇陛下の御座御倚子《ごいし》を設け、その右側（向って左側）の案上に、幣物《へいもつ》を納めた柳筥《やないばこ》、皇大神宮分三筥、豊受大神宮分三筥、神武天皇陵分二筥、昭和天皇陵分二筥、大正天皇陵、孝明天皇陵、明治天皇陵分それぞれ一筥を蓋《ふた》を開き安《お》く。また廊下に、それを後に格納する辛櫃《からひつ》を置き、勅使また掌典長以下がそれぞれの位置につく。

時刻、次第の如く式部官長、宮内庁長官が前行し、出御になり、御座に着かれ、式部官長ほか座に着く。次に掌典長が侍立《じりつ》し、幣物を御覧になられるが、天皇陛下は御引直衣をお召しであり、図の如く白布を敷いた上をお進みになって御覧になり、御座にお帰りになる。それより神宮へ参向の勅使が御前に進むが、神宮への勅使にのみ、特にお言葉「よく申して奉れ」がある。それより幣物を廊下の掌典が進み奉じ、辛櫃に納める。以下次第の如くである。

なお、神宮への勅使に「よく申して奉れ」と仰せられることは、平安時代の『江家次第《ごうけしだい》』に、

勅白、能久申進礼、

とみられるが、その伝統をよく守られてのことである。

なお、ここに記しておくが、この神宮への勅使発遣は、宮内庁側だけでその期日を定められるものでなく、神宮側の都合、神宮の恒例祭祀との関係をよく考慮すべきであり、一月七日に諒闇があけて、一月九日、先帝の御霊代を皇霊殿に奉遷の儀も終ったあと、二月十七日には神宮で祈

年祭が行われることで、それより以前、また神宮のその祈年祭は、神宮では大祭とされ、それを斎行するその月の前月一月三十一日には、前月《まえのつき》晦日《みそか》の大祓《おおはらえ》の行われることで、それ以前がより望ましいとの条件等を早くより勘案、検討し、さらに、宮廷諸行事との関連も考慮、その期日を決定されたのである。

四　神宮に奉幣の儀

伊勢の神宮への奉幣の儀は、「外宮先祭」の古例を守り、一月二十五日午前七時、まず豊受大神宮（外宮）に奉幣され、同日午后二時、皇大神宮（内宮）に奉幣された。

神宮に奉幣の儀
　皇大神宮
　豊受大神宮
神宮の祭式による。
　○
服装　勅使：衣冠単（帯剣）
　勅使随員：衣冠単

出仕：雑色

この場合の勅使の服装は、恒例の神嘗祭等の場合の衣冠単だけでなく、帯剣であるが、両宮とも板垣御門でそれを外し、参進の例である。

この儀での皇大神宮、豊受大神宮への幣物は、錦一巻、五色綾《あや》各一巻、白綾一巻、白帛一匹、五色帛各一匹、細布《さいふ》一匹、木棉《ゆう》一斤あて、十四の別宮に五色帛各一丈、細布一端、木棉一斤あて奉られた。

五　神武天皇山陵及び前四代の天皇山陵に奉幣の儀

その次第は次の如くである。

神武天皇山陵に奉幣の儀

一月二十五日午前八時、陵所を装飾する。
同九時四十五分、勅使が参進して着床される。
次に神饌を供する。
　この間、楽を奏する。
次に掌典が祝詞を奏する。
次に幣物を供する。
次に勅使が拝礼の上、御祭文を奏される。

次に幣物及び神饌を撤する。
　この間、楽を奏する。
次に各退出する。
　○
服装　勅使：衣冠単（帯剣）
　勅使随員、掌典：衣冠単
　掌典補、楽師：布衣単
　出仕：雑色
　参列諸員：モーニングコート又はこれに相当するもの

昭和天皇山陵に奉幣の儀

孝明天皇山陵に奉幣の儀

神武天皇山陵に奉幣の式と同じ。

明治天皇山陵に奉幣の儀　正午装飾、午後一時四十五分勅使着床

あと神武天皇山陵に奉幣の式と同じ。

大正天皇山陵に奉幣の儀　正午装飾、午後一時四十五分勅使着床

ここで、天皇の順序等について、第一代神武天皇と先帝昭和天皇とは重くし、先帝以前三代の天皇について中古以来また特に奉斎されて来ている例をうけての明治時代以降の例により、孝明、明治、大正天皇の順に挙げさせて頂いており、その山陵の所在地の関係もあり、勅使は神武天皇山陵参向勅使一名、昭和天皇、大正天皇山陵参向勅使一名、孝明天皇、明治天皇山陵参向勅使一名、計三名とされたことを付記しておく。

また、神饌は神武天皇山陵、昭和天皇山陵各丸物十一台、孝明天皇山陵、明治天皇山陵、大正天皇山陵各丸物十台、幣物は神武天皇山陵、昭和天皇山陵へ錦一巻、五色綾各一巻、五色帛各一匹、細布一匹、木棉一斤、麻一斤あて、孝明天皇山陵、明治天皇山陵、大正天皇山陵へ錦一巻、五色帛一匹、細布一匹、木棉一斤、麻一斤あて奉られた。

六　斎田点定の儀

　大嘗祭を東京で行うと決定されてあと、その斎田《さいでん》を如何定めるか、これは大問題であり、あらゆる角度より検討を重ね、その結果古来の伝統を尊重し、また前例を参酌することとした。その際、まず悠紀《ゆき》の地方、主基《すき》の地方をどのように定めるか、これについて京都でなく、東京であるため、京都を中心とした前例等も勘案しつつ、数案を立ててその適否を一つ一つ検討、結局新潟、長野、静岡県の線で、国内を東西に二分して、その三県を含む東側を悠紀の地方、それより西側を主基の地方と定めた。これには、悠紀・主基それぞれの地方の都道府県数で悠紀地方十八都道県、主基地方二十九府県と、数の上での不均衡のことも考えられたが、他の諸条件とともに、この案に落着いたのである。

　つぎに、それぞれより一都道府県を選ぶ方法であるが、これを前例また旧来の亀卜によるか、それ以外の方法によるべきかについても十分に検討し、考慮した。現在各地神社等で鹿卜《かぼく》を用いる例はあるが、亀卜《きぼく》の例があるか、これをみたが皆無であり、それよりも亀甲の入手を如何するか、また国際条約で既に玳瑁《たいまい》の甲等の輸入は禁止、国内でも都道府県条例等で種類により捕獲禁止の地もあり、これらより他の方法によるべきかとも考えたが、諸記録より亀卜に用うる亀甲は、鼈甲《べっこう》等脂性の多いものは灼《や》くことに適さず、国産のあおうみがめ、それも剝して年月を経たものが適当とみたが、それは法に抵触せず、また先の大礼時の謹製者の後継人がおり、その亀甲を亀卜用に細工する技術を伝承していた上、適当の亀甲を入手できるとのことで、前回同様に準備可能と解り、さらに関連問題のないことを確めた上で、古例、前例により亀卜によることとした。また、それを灼くための波々加木《ははかぎ》(上溝桜)も無事入手出来ることとなった。

平成二年二月八日午前十時より神殿奉斎のあと、斎田点定の儀、亀卜に当ったが、順調に進み、予定時刻より約二十分早く終了し、あと宮内庁長官は、その卜定結果を言上し、御裁可を仰いだ。それより、宮内庁長官から、両県知事に対し、決定の通知を電話及び文書で行うとともに、引受け方を依頼し、内閣総理大臣、農林水産大臣、自治大臣及び警察庁長官に対しても、電話及び文書で決定結果を通知し、午後悠紀の地方は秋田県、主基の地方は大分県と発表された。

斎田点定の儀

二月八日午前八時三十分、神殿を装飾する。
時刻、大礼委員が幄舎に着床する。
次に御扉を開く。
　この間、神楽歌を奏する。
次に神饌を供する。
　この間、神楽歌を奏する。
次に掌典長が祝詞を奏する。
次に斎田点定の儀がある。
次に神饌を撤する。
　この間、神楽歌を奏する。
次に御扉を閉じる。
　この間、神楽歌を奏する。
次に各退出する。

○

服装　掌典長、掌典次長、掌典及び楽長：衣冠

　内掌典：袿袴

　掌典補、楽師：布衣

　出仕：雑色

　大礼委員：モーニングコート又はこれに相当するもの

　少しく説明を加えるに、斎田点定《さいでんてんてい》の儀は神殿にまず献饌、祝詞奏上のあと、その神殿前庭の斎《さい》舎《しゃ》で行った前例により、当日も平素の通り三殿に対して御日供《おにっく》奉仕、毎朝御代拝のあと、改めて準備し、時刻大礼委員が左幄舎《ひだりあくしゃ》に着床、楽師が神楽歌《かぐらうた》を奏するなかで、掌典が神饌を供し、次に掌典長が祝詞を奏上し、終って掌典長は卜者《うらないじゃ》役掌典、灼手《やきて》役掌典、合図《あいづ》役掌典を率い、左幄舎内の座に着く。宮内庁長官が卜串《うらないぐし》を納めた柳筥を捧持した大礼委員会幹事を従え幄舎に着く。その卜串を納めた柳筥を宮内庁長官はうけ、傍の案上におく。掌典の合図により、大礼委員会幹事は長官よりその柳筥をうけて、掌典長に進める。掌典長はそれを卜者役掌典に授け、掌典長以下、役の三名の掌典が斎舎内に入り、垂幔《すいまん》（掌典補が幔《とばり》を垂れる）のあと、掌典長の命により亀卜のことが古例により行われる。それが終って、合図により褰幔《けんまん》（幔をかかげる）、掌典長以

斎田点定の儀

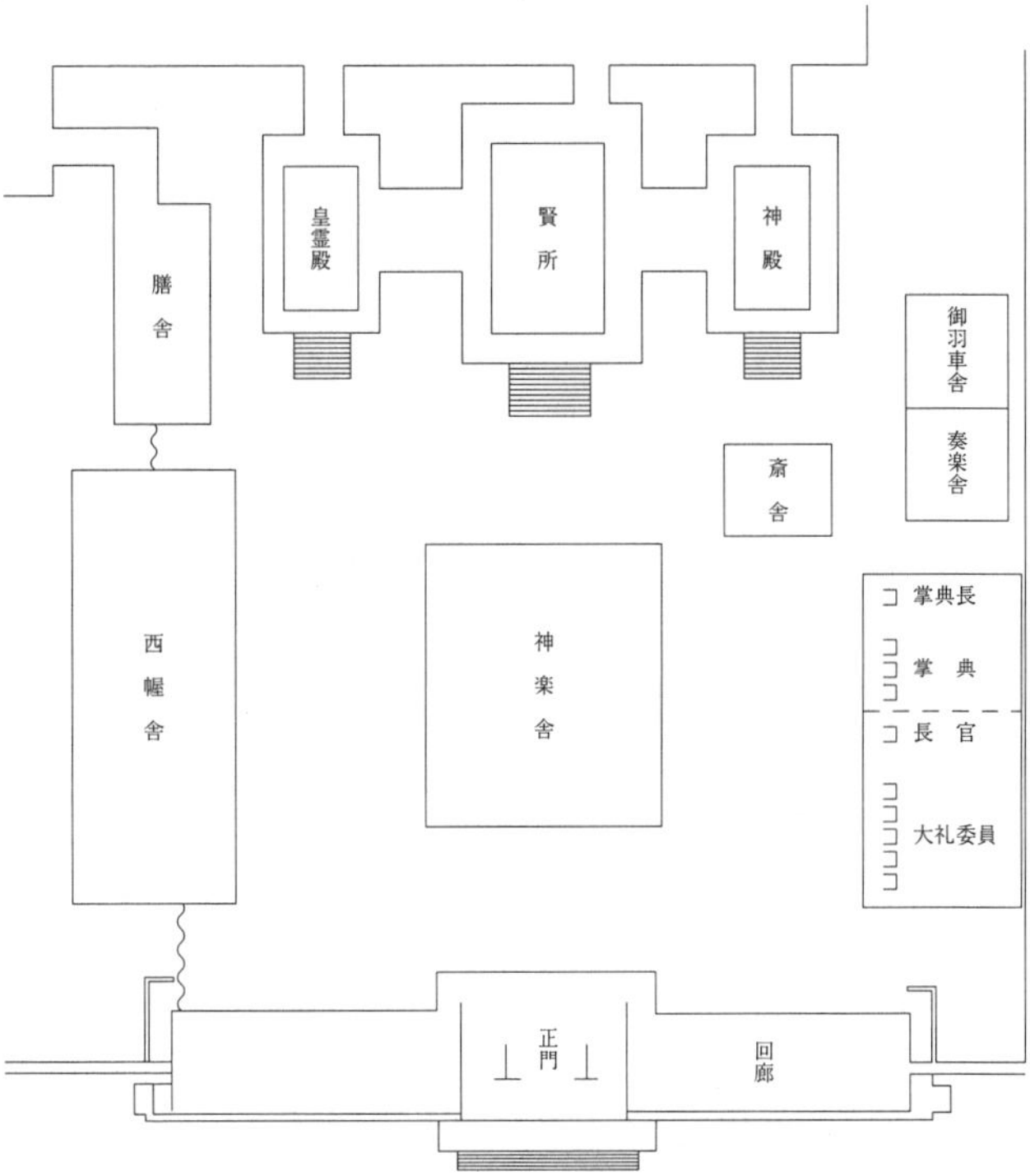

下が左幄舎の座に復し、点定結果を記した卜串を納めた柳筥を、はじめと逆の順に伝え、宮内庁長官以下退下、あと掌典長以下神殿に参入、神饌を撤し、この儀は終った。

付　悠紀主基両地方の斎田の決定

『延喜式』で、大嘗祭の斎田点定は「悠紀主基国郡卜定」とされており、その国郡卜定《こくぐんぼくじょう》のあと、現地ではその斎田を具体的に早々に定めたことがみられ、昭和の例でも、そのすぐあとに定められ、その斎田を当時の規定に従い、竹矢来《たけやらい》で防護し、不浄の入ることを禁じ、関係機関がこれを警備し、村人もその警衛に奉仕したことがみられるが、平成の場合、秋田県、大分県とのみ発表され、あと宮内庁より、その斎田、大田主の撰定、耕作、収穫後供納について考慮されたい点等について両県に事務的に希望したが、その斎田所在の郡町村名、大田主は直前まで明らかにされなかった。警戒してのことであるが、両地方とも、さらによく調査され、細心の注意をはらい進められていたことを聞いている。

そして、九月二十五日になり、まず悠紀斎田について、

一、所在秋田県南秋田郡五城目町大川字イカリ三四、

二、面積十五アール

三、所有者（大田主）
(1)氏名　伊藤容一郎
(2)年令　五十一歳
(3)住所　秋田県南秋田郡五城目町大川石崎字沼田二九
と宮内庁より発表し、十月六日になり、主基斎田について、
一、所在大分県玖珠郡玖珠町大字小田ホ十二ノ六及び十二ノ七
二、面積十一アール
三、所有者（大田主）
(1)氏名　穴井　進
(2)年令　五十歳
(3)住所　大分県玖珠郡玖珠町大字小田二三〇八の一番地
と、同じく発表したのである。
また、同時に、悠紀斎田抜穂の儀等について、
一、悠紀斎田抜穂前一日大祓
(1)日時平成二年九月二十七日午後三時

(2)場所秋田県南秋田郡五城目町

二、悠紀斎田抜穂の儀

(1)日時平成二年九月二十八日午前十時

(2)場所秋田県南秋田郡五城目町

と発表し、また主基斎田抜穂の儀等について、

一、主基斎田抜穂前一日大祓

(1)日時平成二年十月九日午後三時

(2)場所大分県玖珠郡玖珠町

二、主基斎田抜穂の儀

(1)日時平成二年十月十日午前十時

(2)場所大分県玖珠郡玖珠町

と発表した。

なお、大嘗祭での精粟であるが、これも前例により悠紀、主基両地方に供納を願うこととし、その量はそれぞれ七・五キログラムとし、両地方の農業団体と別途協議し、精製納入をうけた。その供納者は、それぞれ次の如くである。

悠紀の地方　御所野克己
住所　秋田県北秋田郡合川町鎌の沢新屋布六四
主基の地方　橋本　進
住所　大分県大分郡狭間町大字谷二一一五ノ一

付　具体的準備の進展

これより準備は具体的に着々と進められた。既に即位の礼の次第、正殿の儀について、高御座《たかみくら》、御帳台《みちょうだい》を京都御所より移動し使用されることとして、宮殿松の間にそのままの形で設置し得るか、その修理を必要とする程度は如何、また正殿装飾の方法、その実物の発注について、また庭上の旛《ばん》、威儀本位、威儀物捧持者、司鉦司鼓《ししょうしこ》の員数について等、京都御所紫宸殿《ししんでん》の場合とその建物の形式、前庭の面積の差等より、それに則して準備して来たが、実際にその高御座、御帳台に進御される方法について京都と同様に出来ない建物の制約があり、それに応じての方法、また、参列皇族、長官以下、庭上参役者までの着装の場、その衣紋方の養成等についても考慮して来ていたが、当日のその方法、雨儀の場合のこと、また参列者の席を設けるのに、現況のままでは十分な広さがなく、長和殿、豊明殿の前に補設が必要であり、その工事のこと、祝賀御列の儀の御巡路、鹵簿《ろぼ》の実際、さらに饗宴の実際、その次第、その時の奏楽等について準備、宮内庁内各部局動員して各担当班係、所掌事項を細かく定めて当り、大嘗祭についても実施本部組織、事務分担案をつくり検討の上、一部は動き出していた。

なお、即位の礼、大嘗祭、大饗について、前例を尊重し、それを参酌しながらも、この平成時に、改めて近代以前、近世、中世、古代にも遡り、調査し、それらの意義等についても考慮し、本来にもとらぬよう検討し当ったことを記しておきたい。書陵部がことにその中心となって検討、古来の伝統を損うことのないように当ったのである。前例を参酌しながらも、本来にもとることはせずとのことで、巷間の感情的な批判にも正しく対することを考え当った。

七　大嘗宮地鎮祭

『延喜式』巻七には、「凡造二大嘗宮一者、前レ祭七日」（凡そ大嘗宮を造るは、祭に前《さきだつ》こと七日）とあるが、時代を下るにつれ、七日前より始めて大嘗宮を造営完成させることは出来ない、平成の今回も、その規模は、大正、昭和の大典時と同規模と企画したが、その用材その他の材料、また一般建築様式の大きな変化とともに、その用材調達、また技術面にも大きな変化があり、その三ヶ月前には着工しなければならず、その大嘗宮地鎮祭を平成二年八月二日午前に斎行した。それまでに、東御苑の何本かの樹木は移植され、整地されていたが、当日は晴、周辺の木で蟬の声の響くなかで行われた。

その儀は、次の如くである。

大嘗宮地鎮祭

悠紀殿の儀

八月二日午前八時、斎場を舗設する。
午前十時、掌典及び掌典補が着床する。
次に大礼委員が着床する。
次に神饌及び幣物を供する。
　この間、楽を奏する。
次に掌典が祝詞を奏する。
次に幣物及び神饌を撤する。
　この間、楽を奏する。
次に地鎮の儀を行う。
次に各退出する。

○

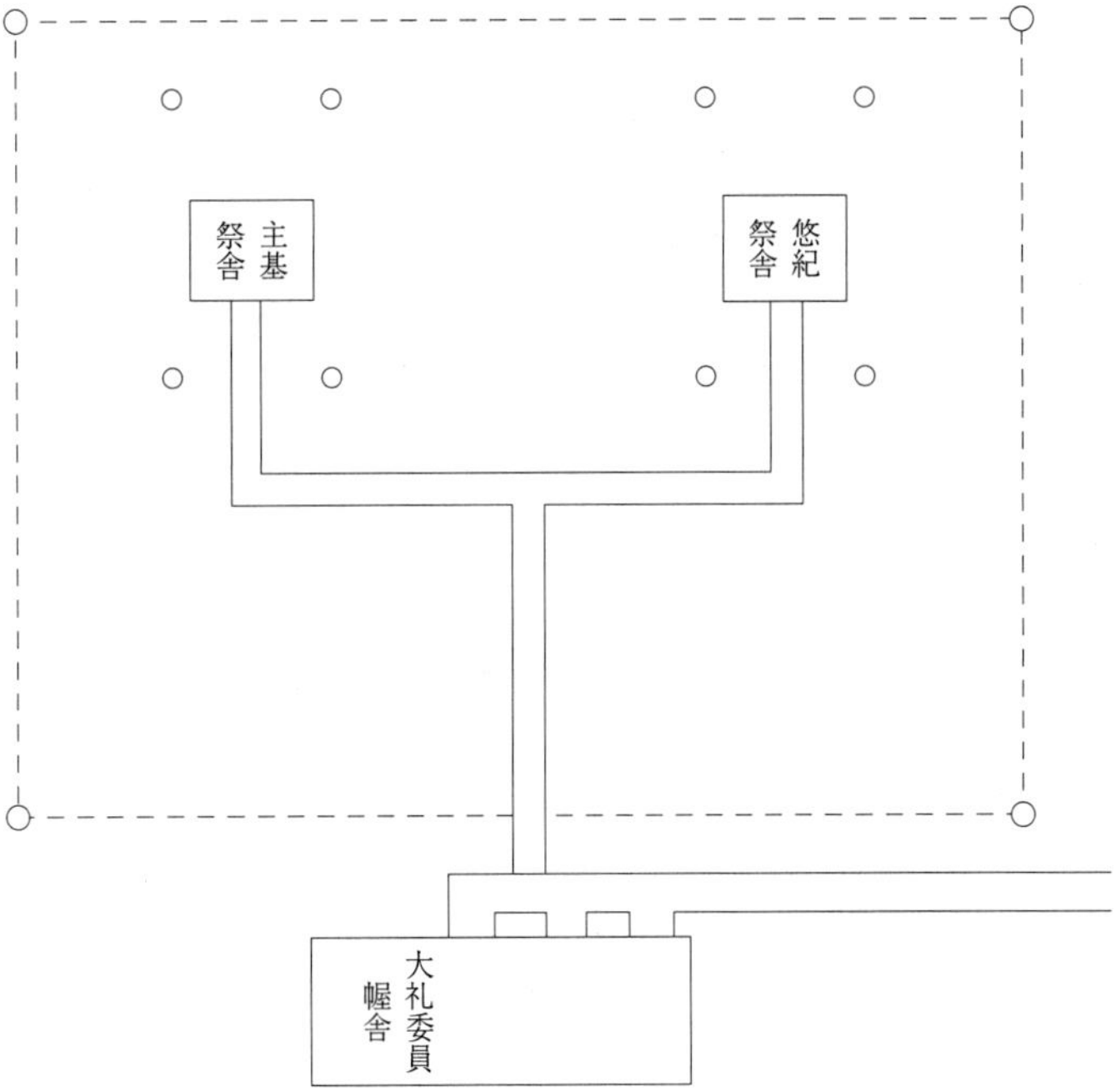
主基
祭舎
悠紀
祭舎
大礼委員
幄舎

服装　掌典及び楽長：衣冠
掌典補及び楽師：布衣
出仕：雑色
大礼委員：モーニングコート又はこれに相当するもの

主基殿の儀

悠紀殿の儀の式と同じ。

八　斎田抜穂の儀

悠紀・主基両地方の斎田が発表され、それよりその儀への準備が、現地と緊密に連絡の上、着々となされ、抜穂使以下、また大礼委員、式部官以下が現地に到って、その儀に当った。

(一)　斎田抜穂前一日大祓

悠紀地方では、平成二年九月二十七日午後三時、秋田県南秋田郡五城目町の馬場目川の河川敷で、主基地方では、同十月九日午後三時、大分県玖珠郡玖珠町の玖珠川の川原で、この行事を、つぎの次第により滞りなく行なった。なお、このため予め川に隣接した百平方メートル程度の土地のこと、それが無理の場合のことなど打合せ、またこの行事を行うため、その土地を一時借用のこと等も打合せていた。

斎田抜穂前一日大祓

悠紀斎田抜穂前一日大祓
九月二十七日午後二時、祓所を鋪設する。

同　　午後三時、大礼委員が着床する。

次に大田主が着床し、奉耕者が所定の位置に着く。

次に抜穂使が着床され、随員が着床する。

次に抜穂使が随員に祓の事を命ぜられる。

次に随員一人が進んで大祓の詞を読む。終って随員一人が大麻を執ってまず抜穂使を祓い、
　次に大田主、奉耕者等を祓う。

次に随員が祓物を執って大河に向う。

次に各員が退出する。
　○
服装　抜穂使：衣冠
　随　員：布衣

斎田抜穂前一日大祓

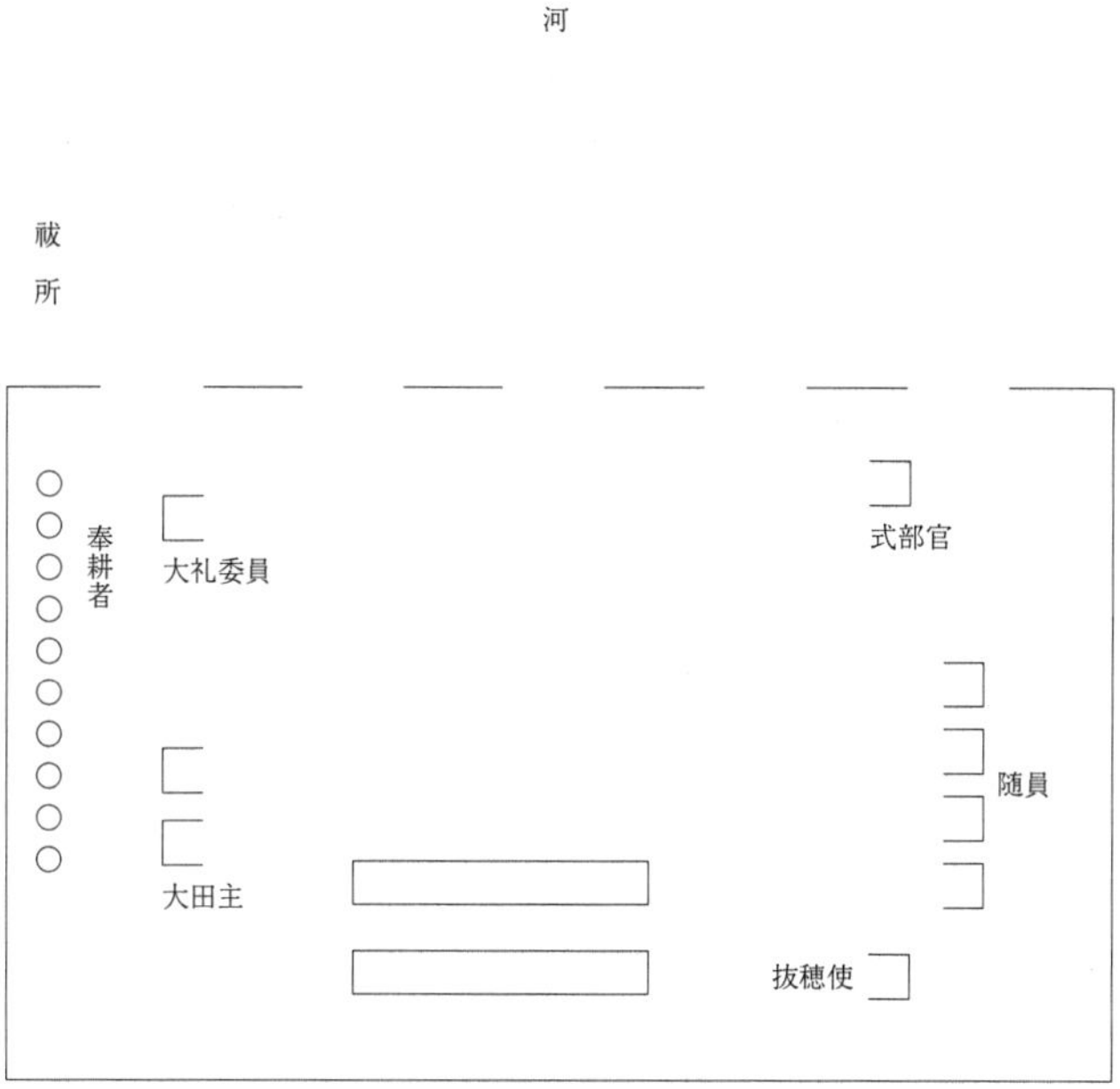

出　仕：雑色
大田主：白張黄単
奉耕者：白張
大礼委員、参列者：モーニングコート又はこれに相当するもの

主基斎田抜穂前一日大祓

悠紀斎田抜穂前一日大祓と同じ。（但し十月九日）

(二)　斎田抜穂の儀

この儀式は、悠紀主基両地方とも天候に恵まれ、つぎの次第で順調に行われた。

悠紀斎田抜穂の儀

斎田抜穂の儀

九月二十八日午前九時、斎場を装飾する。

同　　　　午前十時、大礼委員が着床する。

次に大田主が着床し、奉耕者が所定の位置に着く。

次に参列の諸員が着床する。

次に抜穂使が随員を従えて斎場に参進され、着床される。

次に神饌及び幣物を供する。

　随員が奉仕する。

次に抜穂使が祝詞を奏される。

次に抜穂の儀がある。

次に幣物及び神饌を撤する。

　随員が奉仕する。

次に各員が退出する。

参列の諸員は、次のとおりとする。

悠紀地方の県の総代及び農業協同組合中央会の総代

斎田所在の市町村の総代及び農業協同組合の総代

服装

○　抜穂使：衣冠単
随　員：布衣単
出　仕：雑色
大田主：白張黄単
奉耕者：白張
大礼委員、参列諸員：モーニングコート又はこれに相当するもの

主基斎田抜穂の儀

悠紀斎田抜穂の式と同じ。（但し十月十日）

この儀について説明を加えるが、図（次頁）の神殿《しんでん》、稲実殿《いなのみでん》等について、『延喜式』巻七には「所《ノ》レ作《ル》八神殿《ハッシンデン》一宇《ウ》長四丈、広一丈 稲実《イナノミ》斎屋《ノイミヤ》一宇長二丈、広八尺、〈中略〉並《ミナ》以《テ》二黒木《クロキ》及《ビ》草《ヲ》一構《ヘ》葺《キ》、壁蔀《シトミハ》以《テセヨ》レ草《ヲ》」（作る所の八神殿一宇〔長さ四丈、広さ一丈〕稲実の斎屋一宇〔長さ二丈、広さ八尺〕〈中略〉並黒木及び草を以て構へ葺き、壁蔀は草を以てせよ）と記されており、大正、昭和の大礼時には、それに従って構築されたが、平成時には、先に記したように、その斎田は直前に発表されたので

斎田抜穂の儀

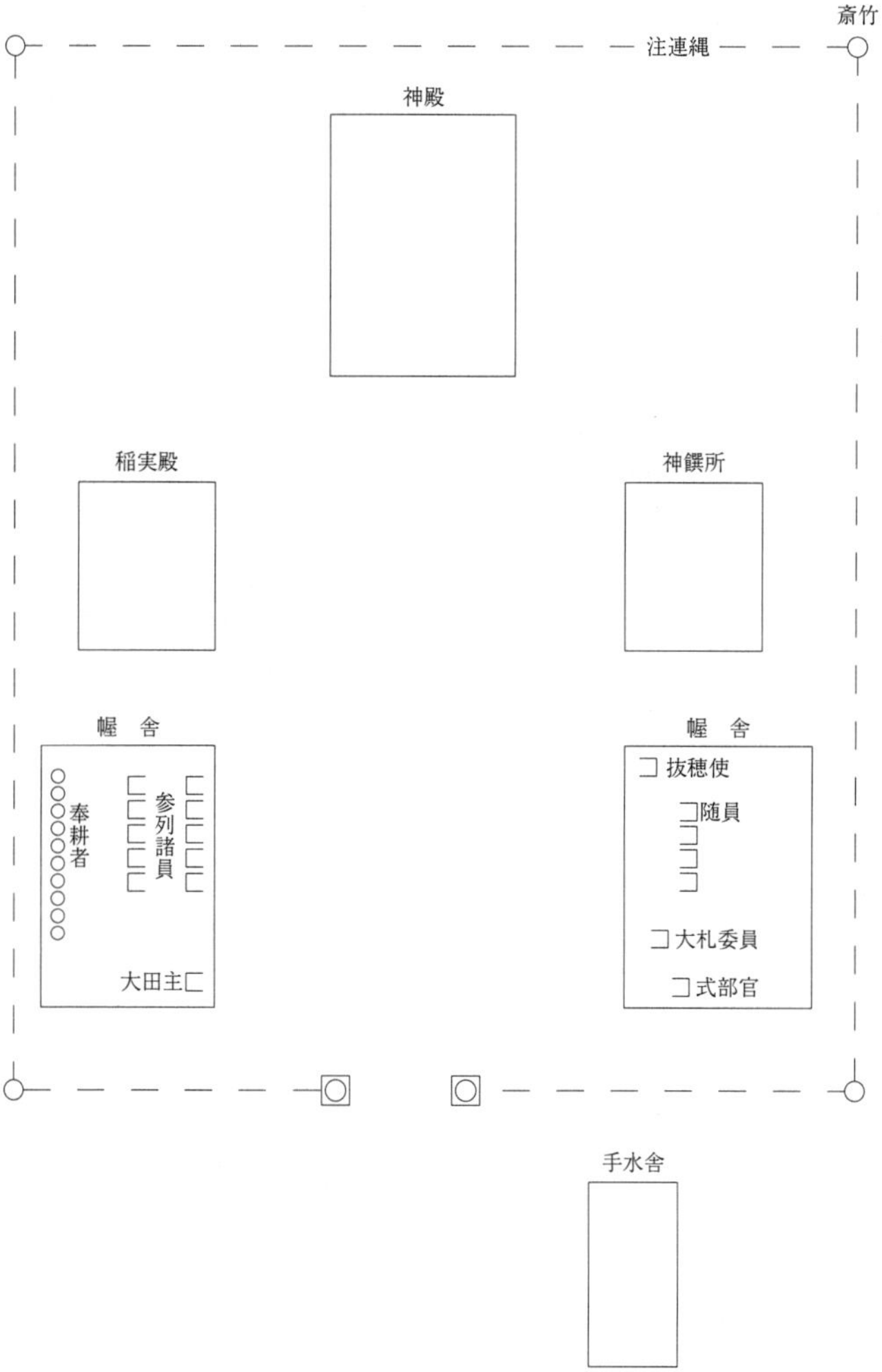
斎竹
注連縄
神殿
稲実殿
神饌所
幄　舎
奉耕者
参列諸員
大田主
幄　舎
抜穂使
随員
大札委員
式部官
手水舎

あり、この神殿、神饌所、稲実殿等は天幕張りとせざるを得なかった。しかし、そのため斎田内また近隣の三百平方メートル程度の土地、そこを一時借用するためのこと、またその工事関係、すなわちその土地の基礎またそれへの通路等は堅固に板張りすることなど、宮内庁管理部工務課が直接施行に当った。また斎田周辺に注連縄《しめなわ》をめぐらせて、厳重に警戒することは地元で厳重にされていたのであり、古来の趣旨をよく継承することにつとめられていた。

そして、その神殿の祭神は『延喜式』に記す祭神八座「御歳神《みとしのかみ》、高御魂神《たかみむすびのかみ》、庭高日神《にわたかびのかみ》、大御食神《おおみけつかみ》、大宮売神《おおみやめのかみ》、事代主神《ことしろぬしのかみ》、阿須波神《あすはのかみ》、波比伎神《はびきのかみ》」であることはいうまでもない。古例を守ってのことである。

それで、前掲次第の如く、斎場入口で手水を終え、全員着床し、降神、神饌・幣物を供し、抜穂使《ぬきほし》が祝詞奏上のあと、大田主《おおたぬし》に抜穂のことを命じた。それにより、大田主は奉耕者を率い、斎田に行き、古例に従い抜穂に当り、斎場中央に設けた案上にその抜穂を三宝にのせて安《お》いた。それを抜穂使が検し、終ってそれを稲実殿に収め、あと幣物・神饌を撤し、昇神のことがあって終った。それよりあと、その大田主、奉耕者はその斎田の稲全部を収めた。

この儀のため悠紀斎田では、秋田県は勿論東北六県の心ある人々が、主基斎田では、大分県の人々のみならず九州全県の心ある人々が協力し、その斎行に当ったと云えよう。

悠紀の地方の秋田県の場合、この平成二年ころ、稲の収穫は平均的にみて九月下旬であり、無理はなかったが、主基の地方の大分県の場合、十月下旬以降が通例であったようであるが、この年には十月初旬を目標に耕作されていたと聞いている。

なお、この儀での大田主、奉耕者の服装は、宮内庁で貸与したものを着用した。

九　悠紀主基両地方新穀供納

平成二年十月二十五日、両地方より新穀供納のことが行われた。それを収める大嘗宮斎庫《さいこ》はこのため、悠紀殿《ゆきでん》、主基殿《すきでん》、廻立殿《かいりゅうでん》等よりは早く完成させられていた。

その供納の斎田米は両地方とも、一地方当り、

玄米　七・五キログラム

精米　二一〇キログラム

うち玄米七・五キログラム

精米三〇・五キログラム

が祭儀用であり、あとが大饗用である。

これを、それぞれ規定量あて袋詰めにし、さらにそれを辛櫃《からひつ》十一合《ごう》に収め、奉舁し供納された。

なお、これも昭和大礼の時と違い、この時の食糧管理法に厳重に従って処理されたのである。

悠紀・主基両地方より、慎重に護送されたあと、当日、両地方大田主、奉耕者たちは宮内庁楽部の建物に入り、そこで服装等を整えたあと、斎庫に参進、つぎの如き次第で供納、それを収納した。

新穀供納

悠紀地方新穀供納

十月二十五日　午前八時、式場を鋪設する。

午前九時二十分、大礼委員が着床する。

次に掌典及び掌典補が着床する。

次に大田主が辛櫃奉舁者を率いて式場に参入する。

次に大礼委員が新穀を検する。

次に掌典が榊を執って新穀を祓う。

次に掌典が掌典補に新穀を斎庫に収納させる。

次に各員が退出する。

○

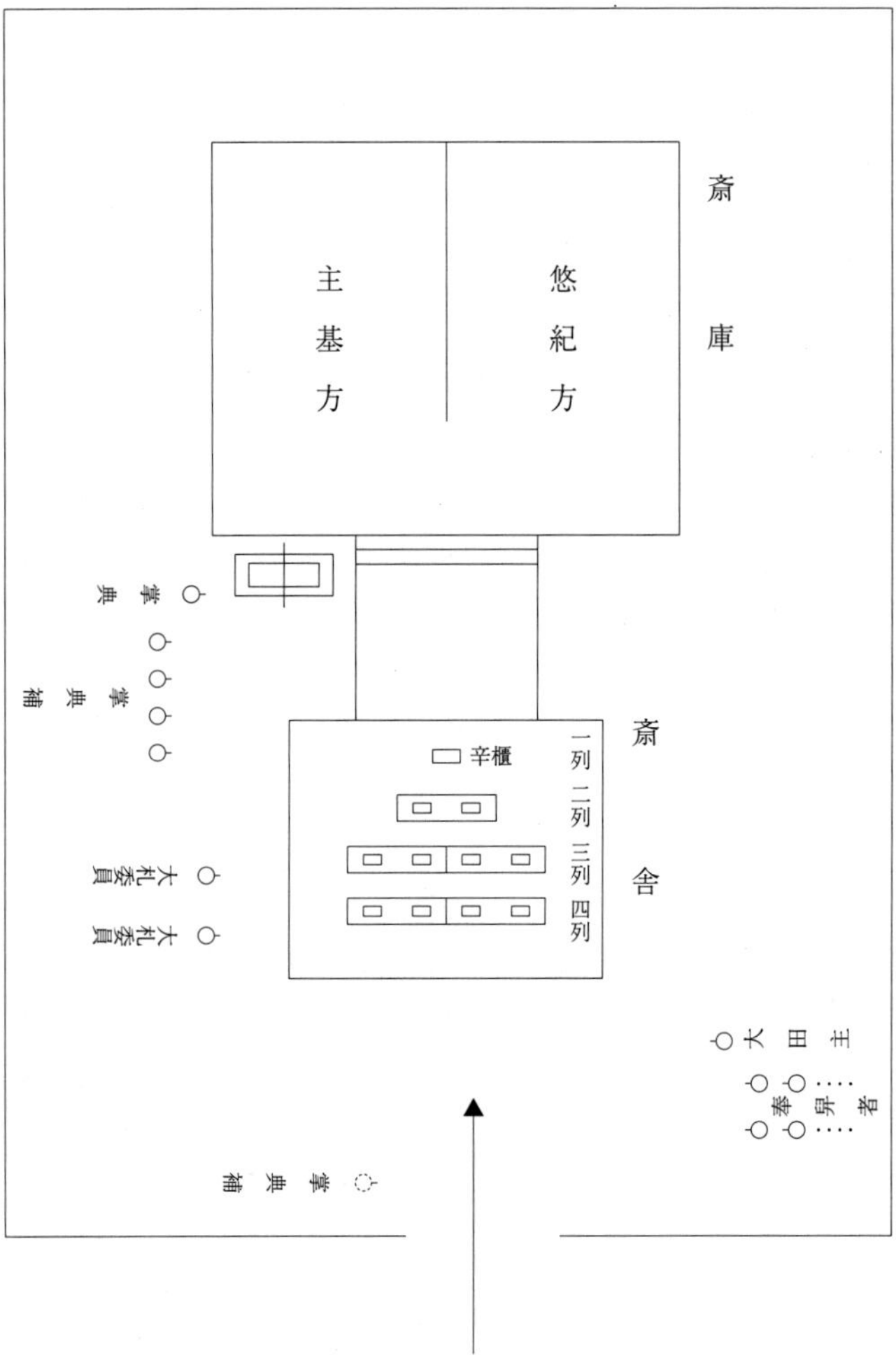

斎庫
主基方
悠紀方
斎舎
辛櫃
一列
二列
三列
四列
掌典
掌典補
大礼委員
大礼委員
掌典補

服装　掌典及び掌典補：祭服
大田主：白張黄単
辛櫃奉舁者：白張
大礼委員：モーニングコート又はこれに相当するもの

主基地方新穀供納
悠紀地方新穀供納と同じ。
但し時刻は午前十一時

なお、大嘗宮のうち、この斎庫だけは記念として大嘗祭のあとすぐには壊却《えきゃく》されず、当分の間残すこととされ、東御苑入苑者が見学出来るようにされていた。

一〇　即位礼当日賢所大前の儀

この御儀、前例では賢所が京都御所春興殿《しゅんこうでん》に渡御になられたことで、そこでの御儀であった。また、その前例では登極令により、その前庭で、大礼使高等官が束帯帯剣《そくたいたいけん》で左右各一人、同じく束帯帯剣の判任官各六人を率い、司鉦司鼓《ししょうしこ》の位置につき、同じ服装の威儀物《いぎのもの》捧持の高等官左右各二十人がその上座につき、さらに闕腋袍《けってきのほう》で束帯帯剣、胡籙《ころく》、弓をつけた大礼使高等官左右各十人がその上座についていた。

今回も、この例にならうか、審議したが、渡御のことでなく古例等を勘案、この庭上奉仕者は省いた。

その次第はつぎの如くである。

即位礼当日賢所大前の儀

十一月十二日午前七時、御殿を装飾する。
時刻、皇宮儀仗が皇居諸門の所定の位置に着く。
午前八時四十分、参列の諸員が休所に参集する。
次に皇太子、親王、親王妃及び内親王が賢所参集所に参集される。
時刻、天皇が綾綺殿にお入りになる。
次に天皇に御服を供する(侍従が奉仕する)。
次に天皇に御手水を供する(侍従が奉仕する)。
次に天皇に御笏を供する(侍従が奉仕する)。
時刻、皇后が綾綺殿にお入りになる。
次に皇后に御服を供する(女官が奉仕する)。
次に皇后に御手水を供する(女官が奉仕する)。
次に皇后に御檜扇を供する(女官が奉仕する)。
時刻、御扉を開く。

この間、神楽歌を奏する。
次に神饌及び幣物を供する。
この間、神楽歌を奏する。
次に掌典長が祝詞を奏する。
次に大礼委員が着床する。
次に諸員が参進して幄舎に着床する。
式部官が誘導する。
次に皇太子、親王、親王妃及び内親王が参進して幄舎に着床される。
式部官が誘導する。
午前九時、天皇がお出ましになる。
掌典長が前行し、侍従が剣璽を捧持し、侍従が随従する。
次に天皇が内陣の御座にお着きになる。侍従が剣璽を案上に置き、簀子に候する。
次に天皇が御拝礼になり、御告文をお奏しになる(御鈴を内掌典が奉仕する)。
次に天皇が御退出になる。
前行及び随従はお出ましのときと同じである。

次に皇后がお出ましになる。

　掌典長が前行し、女官が随従する。

次に皇后が内陣の御座にお着きになる。女官が簀子に候する。

次に皇后が御拝礼になる。

次に皇后が御退出になる。

　前行及び随従はお出ましのときと同じである。

次に、皇太子、親王、親王妃及び内親王が拝礼される。

次に諸員が拝礼する。

次に大礼委員が拝礼する。

次に幣物及び神饌を撤する。

　この間、神楽歌を奏する。

次に御扉を閉じる。

　この間、神楽歌を奏する。

次に各退出する。

参列の諸員は、次のとおりとする。
内閣総理大臣及び国務大臣並びに衆議院及び参議院の議長及び副議長並びに最高裁判所長官及び最高裁判所判事（長官代行）
認証官総代
各省庁の事務次官の総代
都道府県の総代
市町村の総代
その他別に定める者

服装 ○

天皇：御束帯（帛御袍）
皇后：白色帛御五衣・同御唐衣・同御裳
侍従、掌典長、掌典次長、掌典及び楽長：束帯
女官：袿袴
内掌典：衣袴、袿袴
掌典補、楽師：衣冠単

出仕：雑色
参列諸員：燕尾服、モーニングコート、紋付羽織袴又はこれらに相当するもの
勲章着用

お　列

掌典長　侍従（剣）　天　皇　侍従（裾）　侍従（璽）
女官（裾）
掌典長　皇　后
女官（裾）

先掲の如く、この儀で天皇陛下の御服装は御束帯（帛御袍《はくのごほう》）であり、皇后陛下の御服装は白《はく》色帛御五衣《しょくはくのおんいつつぎぬ》、同御唐衣《おんからぎぬ》、同御裳《おんも》であり、これも前例によって頂いたのである。

この日の神饌《しんせん》は折敷高坏《おしきたかつき》六基《き》、折櫃《おりびつ》四十合、酒二瓶、幣物は錦《にしき》一巻、両面《りょうめん》一巻、五色綾《ごしきのあや》各一巻、五色帛《のきぬ》各一匹、五色絲各一絇、五色錦各一屯、細布《さいふ》一匹、木棉《ゆう》一斤である。

一一　即位礼当日皇霊殿神殿に奉告の儀

前例では、賢所は京都へ渡御され、この儀のみ京都より発遣の勅使により御祭文を奏上奉告、皇后宮の御使の女官が拝礼されたが、この度は天皇陛下御親ら御告文を奏されたこと、賢所の儀に同じである。

その神饌、幣物については、

皇霊殿

神饌折敷高坏六基、折櫃二十合、酒二瓶、

幣物錦一巻、五色綾各一巻、五色帛各一巻、細布一匹

神　殿

神饌平盛十一基、酒二瓶

幣物錦一巻、五色綾各一巻、五色帛各一巻、細布一匹
であった。

一二　即位礼正殿の儀

国事行為であり、内閣より次のように、その前に告示された。

○内閣告示第　四　号

平成二年十一月十二日に行われる即位礼正殿の儀の細目は、次のとおりである。

平成二年十月二十三日

内閣総理大臣　海　部　俊　樹

一　即位礼正殿の儀次第

1　天皇陛下が正殿梅の間の前を経て正殿松の間にお出ましになる。

2　皇后陛下が正殿梅の間の前を経て正殿松の間にお出ましになる。
3　天皇陛下が高御座にお昇りになる。
4　皇后陛下が御帳台にお昇りになる。
5　参列者が鉦の合図により起立する。
6　参列者が鼓の合図により敬礼する。
7　内閣総理大臣が御前に参進する。
8　天皇陛下のおことばがある。
9　内閣総理大臣が寿詞を述べる。
10　内閣総理大臣が御即位を祝して万歳を三唱する。参列者が唱和する。
11　内閣総理大臣が所定の位置に戻る。
12　参列者が鉦の合図により着席する。
13　天皇陛下が正殿松の間から正殿竹の間を経て御退出になる。
14　皇后陛下が正殿松の間から正殿竹の間を経て御退出になる。

二　参列者の範囲

1　皇族及び皇室関係者

2　外国元首・祝賀使節及び外交使節団の長等並びにこれらの者の配偶者
3　衆議院議長、同副議長及び同議員若干人並びにこれらの者の配偶者
4　前記3以外の衆議院議員
5　参議院議長、同副議長及び同議員若干人並びにこれらの者の配偶者
6　前記5以外の参議院議員
7　内閣総理大臣及び国務大臣並びにこれらの者の配偶者
8　最高裁判所長官及び最高裁判所判事並びにこれらの者の配偶者
9　元内閣総理大臣、元衆議院議長、元参議院議長及び元最高裁判所長官並びにこれらの者の配偶者
10　立法機関の職員の中で参列するにふさわしい者
11　内閣官房副長官、政務次官、内閣法制局長官、人事官、公正取引委員会委員長、検事総長、次長検事、検事長、検査官及び各省庁の事務次官等
12　行政機関の職員の中で参列するにふさわしい者
13　高等裁判所長官
14　司法機関の職員の中で参列するにふさわしい者

15　都道府県知事の代表及び都道府県議会議長の代表並びにこれらの者の配偶者
16　前記15以外の都道府県知事及び都道府県議会議長
17　市長の代表及び市議会議長の代表並びにこれらの者の配偶者
18　町村長の代表及び町村議会議長の代表並びにこれらの者の配偶者
19　以上のほか、次の各号の一に該当する者の中で参列するにふさわしい者
(1)　各界において代表的立場にある者
(2)　前記(1)以外の者で、例えば、次に掲げる者
ア　文化勲章受章者及びその配偶者
イ　文化功労者、勲章受章者、褒賞受賞者その他各種の賞を受賞した者
ウ　研究等で顕著な業績を挙げた者
エ　技術、技能、芸術、文化及びスポーツ等の各分野で顕著な業績を挙げた者
オ　産業及び経済等の各分野で顕著な業績を挙げた者
カ　社会教育、社会福祉あるいは更生関係の各分野で貢献のあった者
キ　婦人及び青少年の代表者
ク　海外在住日系人の代表者

この御儀で、天皇陛下が高御座にお昇りになり、賜わったおことばはつぎの如くである。

天皇陛下のおことば

さきに、日本国憲法及び皇室典範の定めるところによって皇位を継承しましたが、ここに「即位礼正殿の儀」を行い、即位を内外に宣明いたします。

このときに当たり、改めて、御父昭和天皇の六十余年にわたる御在位の間、いかなるときも、国民と苦楽を共にされた御心《み》を心として、常に国民の幸福を願いつつ、日本国憲法を遵守し、日本国及び日本国民統合の象徴としてのつとめを果すことを誓い、国民の叡知《えいち》とたゆみない努力によって、我が国が一層の発展を遂げ、国際社会の友好と平和、人類の福祉と繁栄に寄与することを切に希望いたします。

また、内閣総理大臣海部俊樹の奏した寿詞《よごと》はつぎのごとくである。

内閣総理大臣の寿詞

謹んで申し上げます。

天皇陛下におかれましては、本日ここにめでたく「即位礼正殿の儀」を挙行され、即位を内外に宣明されました。一同こぞって心からお慶《よろこ》び申し上げます。

ただいまは、天皇陛下から、いかなるときも国民と苦楽を共にされた昭和天皇の御心《み》を心とされ、常に国民の幸福を願われつつ、日本国憲法を遵守し、象徴としての責務を果たされるとのお考えと、我が国が一層発展し、国際社会の友好と平和、人類の福祉と繁栄に寄与することを願われるお気持とを伺い、改めて感銘を覚え、敬愛の念を深くいたしました。

私たち国民一同は、天皇陛下を日本国及び日本国民統合の象徴と仰ぎ、心を新たに、世界に開かれ、活力に満ち、文化の薫り豊かな日本の建設と、世界の平和、人類福祉の増進を目指して、最善の努力を尽くすことをお誓い申し上げます。

ここに、平成の代《よ》の平安と、天皇陛下の弥栄《いやさか》をお祈り申し上げ、お祝いの言葉といたします。

平成二年十一月十二日

内閣総理大臣　海　部　俊　樹

儀のなかで、首相の発声で万歳三唱をしたが、その刻、皇居北の丸で、陸上自衛隊により二十一発の礼砲がうたれた。

また、この日、海上自衛隊では全艦艇が、国際儀礼としての万国旗で満艦飾をし、奉祝の意を表した。

そのほか、各省庁、地方公共団体、公署、学校、会社、その他一般においても国旗を掲揚し、祝意を表した。

この儀は皇居正殿で行われたが、旧例の京都御所紫宸殿《ししんでん》の構造と、皇居正殿の構造の異なることより、天皇陛下が高御座にお登りになるためのお出ましを、松の間の背後の入口よりとして頂くことがふさわしくないと考えられたことで、種々考慮して、正殿口から正殿梅の間の前を経て、正殿松の間にお出ましになり、また正殿松の間から正殿竹の間の前を経て、正殿口から御退出頂くこととされた。

また正殿松の間で内閣総理大臣が寿詞を述べる位置及び万歳を三唱する位置等についても、すべて慎重に検討の上、定められたのである。

この儀で、司会進行のため、場内放送など行われず進められたのも検討の上のことである。

その正殿の舗設であるが、正殿正面軒下に日像《にっしょう》の繡帽額《ぬいもこう》を懸《か》け、正殿松の間に、京都御所より高御座、御帳台を修理の上、移し置かれたが、別図（123頁）で解る如く、京都御所紫宸殿に比べ、正殿松の間が広くないことで、その高御座、御帳台の左右の階段を外し、後面のみとされた。

また宮殿中庭に別図（124頁）の如く、つぎの通り装飾した。

日像《にっしょう》纛旛《とうばん》　一旒
月像《げっしょう》纛旛《とうばん》　一旒
菊花章《きくかしょう》大錦旛《だいきんばん》　二旒
菊花章中錦旛　十旒
菊花章小錦旛　十旒
万歳旛　二旒
鉦　六面
鼓　六面
桙　二十竿

また威儀の者、威儀物捧持者が同じく別図（123頁）にみられる如く、つぎの人数で参役した。

威儀の者　左右各十名

威儀物捧持者

太刀　左右各四名
弓　左右各四名
胡籙《やなぐい》　左右各四名
桙《ほこ》　左右各四名
楯《たて》　左右各四名
鉦　左右各三名
司鉦司鼓　左右各一名
鼓　左右各三名

この庭上参役者の服装は、前例通り、
威儀の者　束帯、帯剣、弓
威儀物捧持者　束帯
司鉦司鼓　束帯
とした。
また、この正殿の儀における参列者の多いことで、春秋の間、豊明殿の前面に、その座席を増設した。

先掲の告示によるこの儀の次第をつぎに掲げる。

即位礼正殿の儀

十一月十二日午前十一時、御殿を装飾する。

時刻、皇宮儀仗が皇居の諸門及び宮殿の南車寄、北車寄及び中車寄の所定の位置に着く。

時刻、参列の諸員が参進して宮殿各所の所定の位置に着席する。

次に、衛門左右各二人が中庭左右出入口の所定の位置に着く。

次に、司鉦司鼓左右各一人が鉦鼓の係員左右各六人を率いて中庭左右出入口から参入し、所定の位置に着く。

次に威儀物捧持者左右各二十人が威儀物を捧持して中庭左右出入口から参入し、中錦旛の前面に参進して所定の位置に着く。

次に威儀の者左右各十人が中庭左右出入口から参入し、所定の位置に着く。

次に、外国元首及び祝賀使節が参進されて宮殿の所定の位置に着席される。

次に内閣総理大臣、衆議院議長、参議院議長及び最高裁判所長官が正殿松の間に参進して所定の位置に着く。

次に皇太子、親王、親王妃及び内親王が正殿松の間に入られ、所定の位置に着かれる。

午後一時、天皇が正殿にお出ましになる。

式部官長及び宮内庁長官が前行し、侍従が剣璽及び御璽国璽を捧持し、侍従長、侍従及び大礼副委員長が随従する。

次に皇后が正殿にお出ましになる。

式部副長及び侍従次長が前行し、女官長、女官及び大礼副委員長が随従する。

次に天皇が高御座にお昇りになる。侍従が剣璽及び御璽国璽を高御座の案上に奉安する。

侍従長は高御座に昇り、御帳外の所定の位置に控える。

次に皇后が御帳台にお昇りになる。

次に侍従二人が高御座の左右に昇り、御帳を開いた後、所定の位置に戻る。

次に女官二人が御帳台の左右に昇り、御帳を開いた後、所定の位置に戻る。

次に諸員が敬礼する。

次に内閣総理大臣が御前に参進する。

次に天皇のおことばがある。

次に内閣総理大臣が寿詞を述べる。

次に内閣総理大臣が万歳を三唱する。諸員が唱和する。終わって内閣総理大臣が所定の位置に戻る。

次に侍従二人が高御座の左右に昇り、御帳を閉じた後、所定の位置に戻る。

次に女官二人が御帳台の左右に昇り、御帳を閉じた後、所定の位置に戻る。

次に天皇が御退出になる。

　前行及び随従はお出ましのときと同じである。

次に皇后が御退出になる。

　前行及び随従はお出ましのときと同じである。

次に皇太子、親王、親王妃及び内親王が退出される。

次に内閣総理大臣、衆議院議長、参議院議長及び最高裁判所長官が退出する。

次に各退出する。

○

服装　天皇：御束帯（黄櫨染御袍）
　皇后：御五衣・御唐衣・御裳

皇太子：束帯（黄丹袍、帯剣）
親王：束帯（帯剣）
親王妃、内親王：五衣・唐衣・裳
宮内庁長官、侍従長、侍従次長、侍従、式部官長、式部副長、大礼副委員長：束帯
女官長、女官：五衣・唐衣・裳、袿袴
威儀の者、衛門：束帯（帯剣、弓）
威儀物捧持者、司鉦司鼓、鉦鼓の係員：束帯
燕尾服、モーニングコート、紋付羽織袴又はこれらに相当するもの
勲章着用

お　列

式部官長　宮内庁長官　侍従（剣）　天　皇　侍従（裾）
侍従（璽）　侍従（御璽）　侍従（国璽）　侍従長　侍従（御笏）

侍従（搴帳）
侍従（搴帳）
侍従
大礼副委員長
式部副長
侍従次長
皇后
女官（裾）
女官（裾）
女官長
女官（搴帳）
女官（搴帳）
大礼副委員長

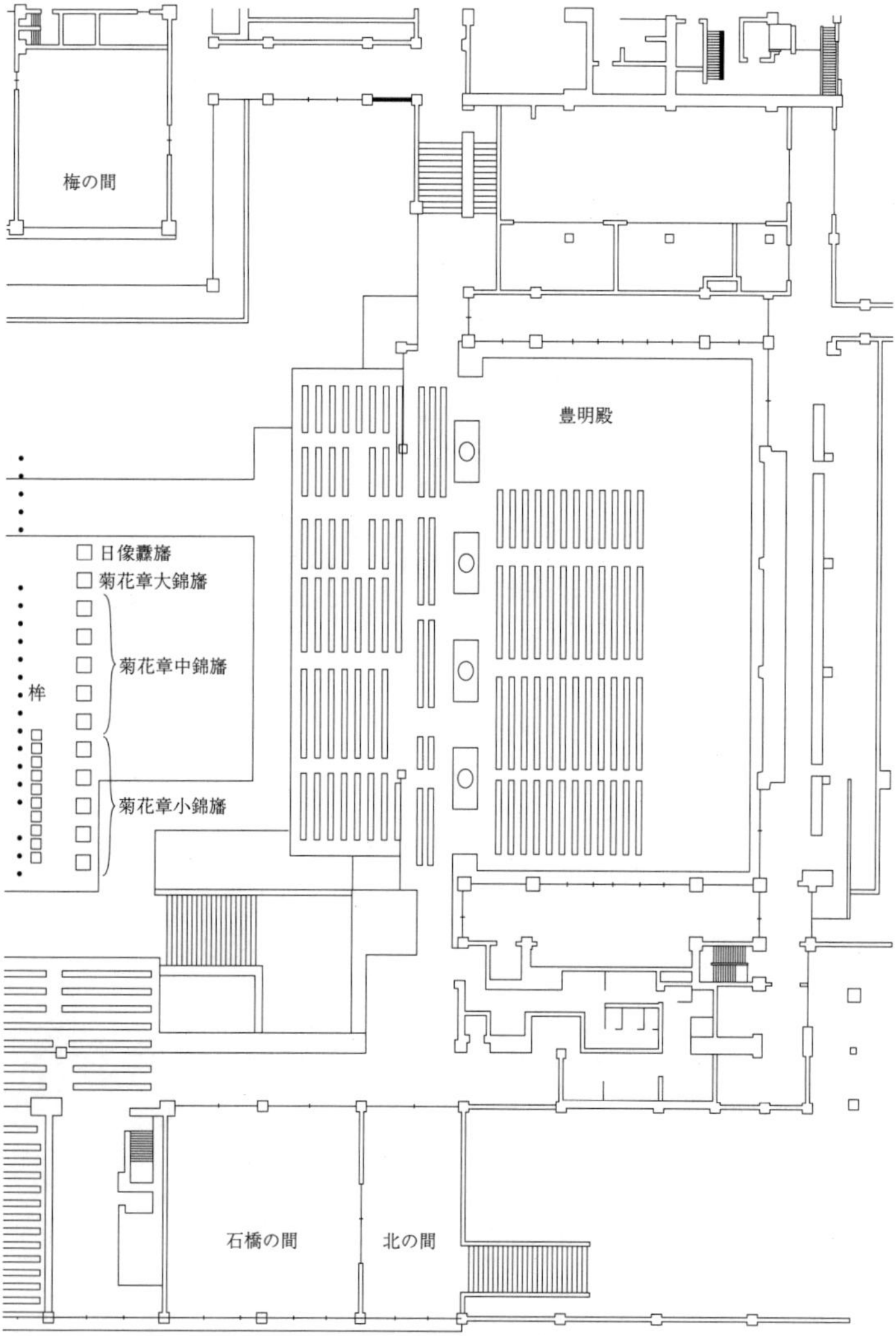

即位礼正殿の儀（次頁と一連）

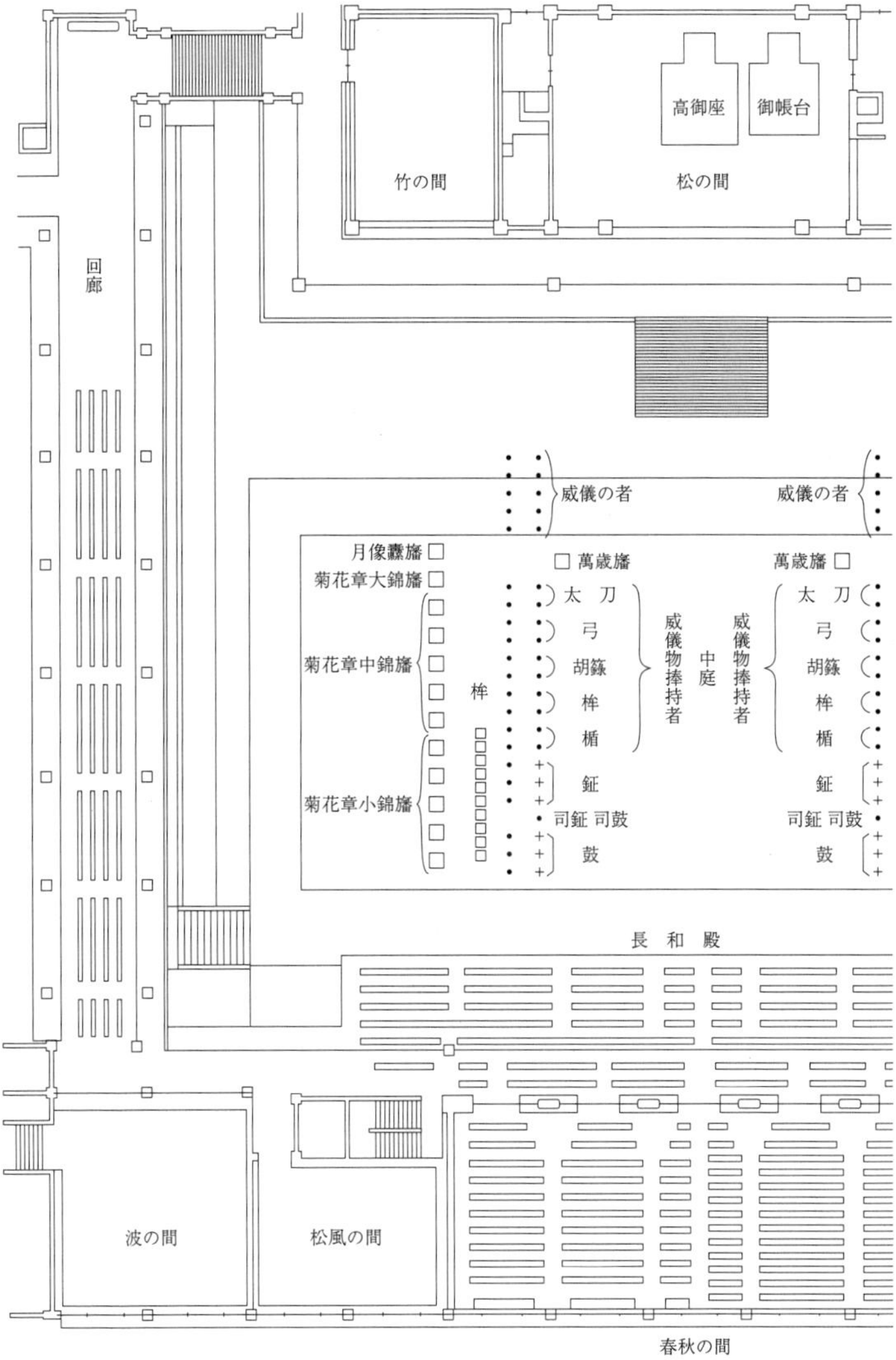
高御座
御帳台
竹の間
松の間
回廊
威儀の者
威儀の者
月像纛旛
菊花章大錦旛
菊花章中錦旛
菊花章小錦旛
桙
萬歳旛
萬歳旛
太　刀
弓
胡籙
桙
楯
鉦
司鉦 司鼓
鼓
威儀物捧持者
中庭
威儀物捧持者
太　刀
弓
胡籙
桙
楯
鉦
司鉦 司鼓
鼓
長　和　殿
波の間
松風の間
春秋の間

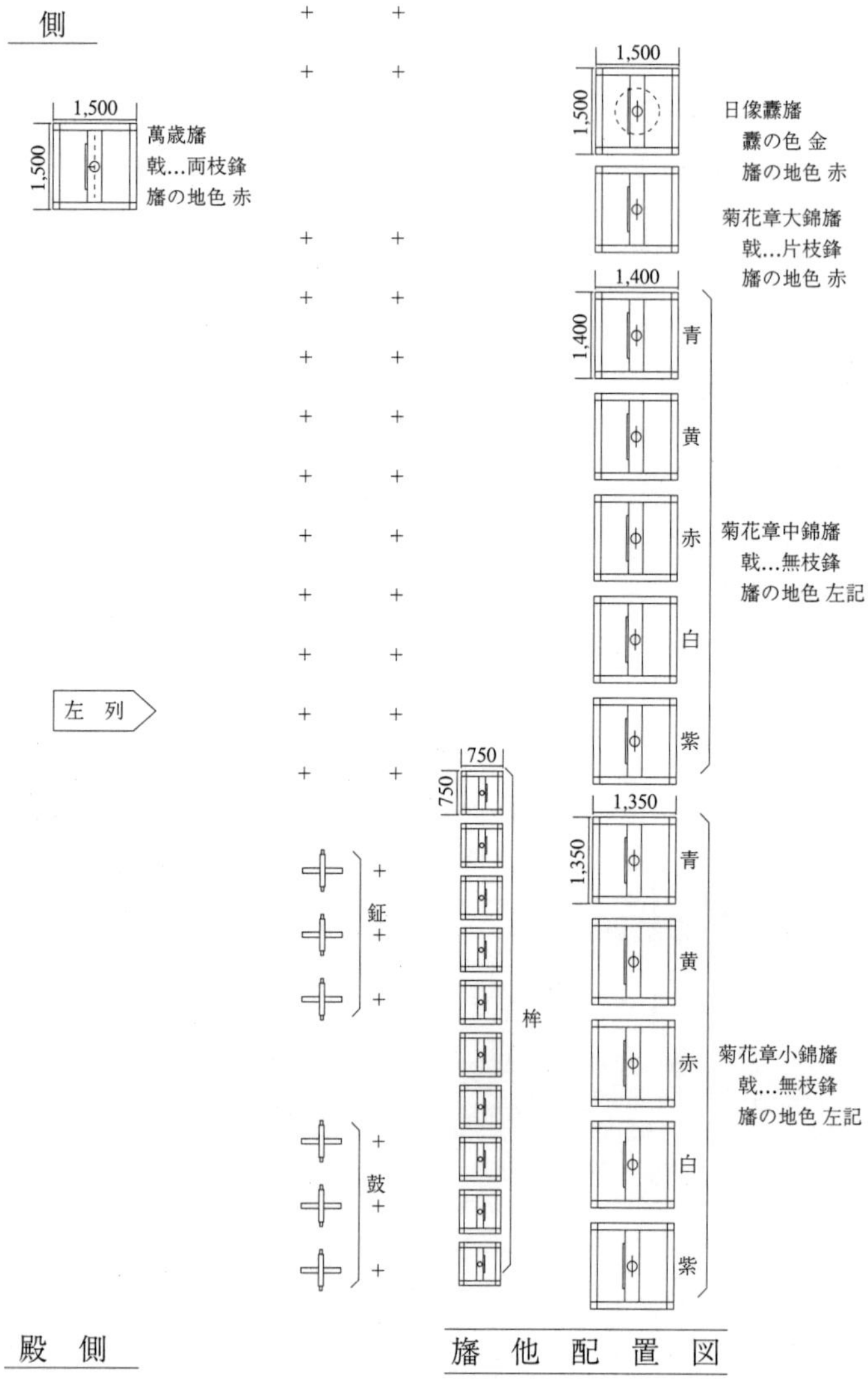
側
1,500
1,500
萬歳旛
戟…両枝鋒
旛の地色 赤
左 列
1,500
1,500
日像纛旛
纛の色 金
旛の地色 赤
菊花章大錦旛
戟…片枝鋒
旛の地色 赤
1,400
1,400
青
黄
赤
白
紫
菊花章中錦旛
戟…無枝鋒
旛の地色 左記
750
750
鉦
鼓
桙
1,350
1,350
青
黄
赤
白
紫
菊花章小錦旛
戟…無枝鋒
旛の地色 左記
殿 側

旛 他 配 置 図

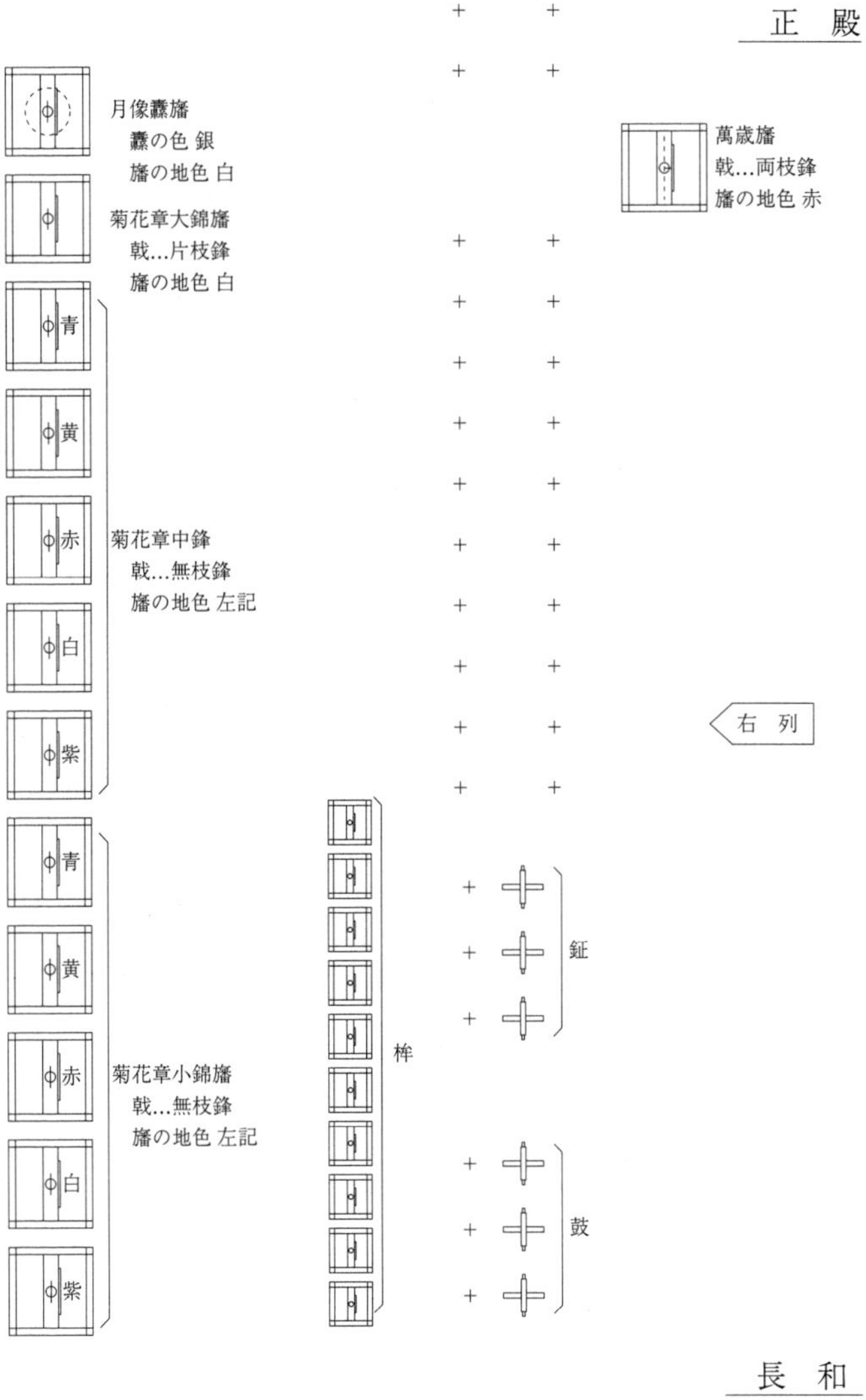
正　殿
月像纛旛
纛の色 銀
旛の地色 白
菊花章大錦旛
戟…片枝鋒
旛の地色 白
萬歳旛
戟…両枝鋒
旛の地色 赤
青
黄
赤
白
紫
菊花章中鋒
戟…無枝鋒
旛の地色 左記
右　列
青
黄
赤
白
紫
菊花章小錦旛
戟…無枝鋒
旛の地色 左記
桙
鉦
鼓
長　和

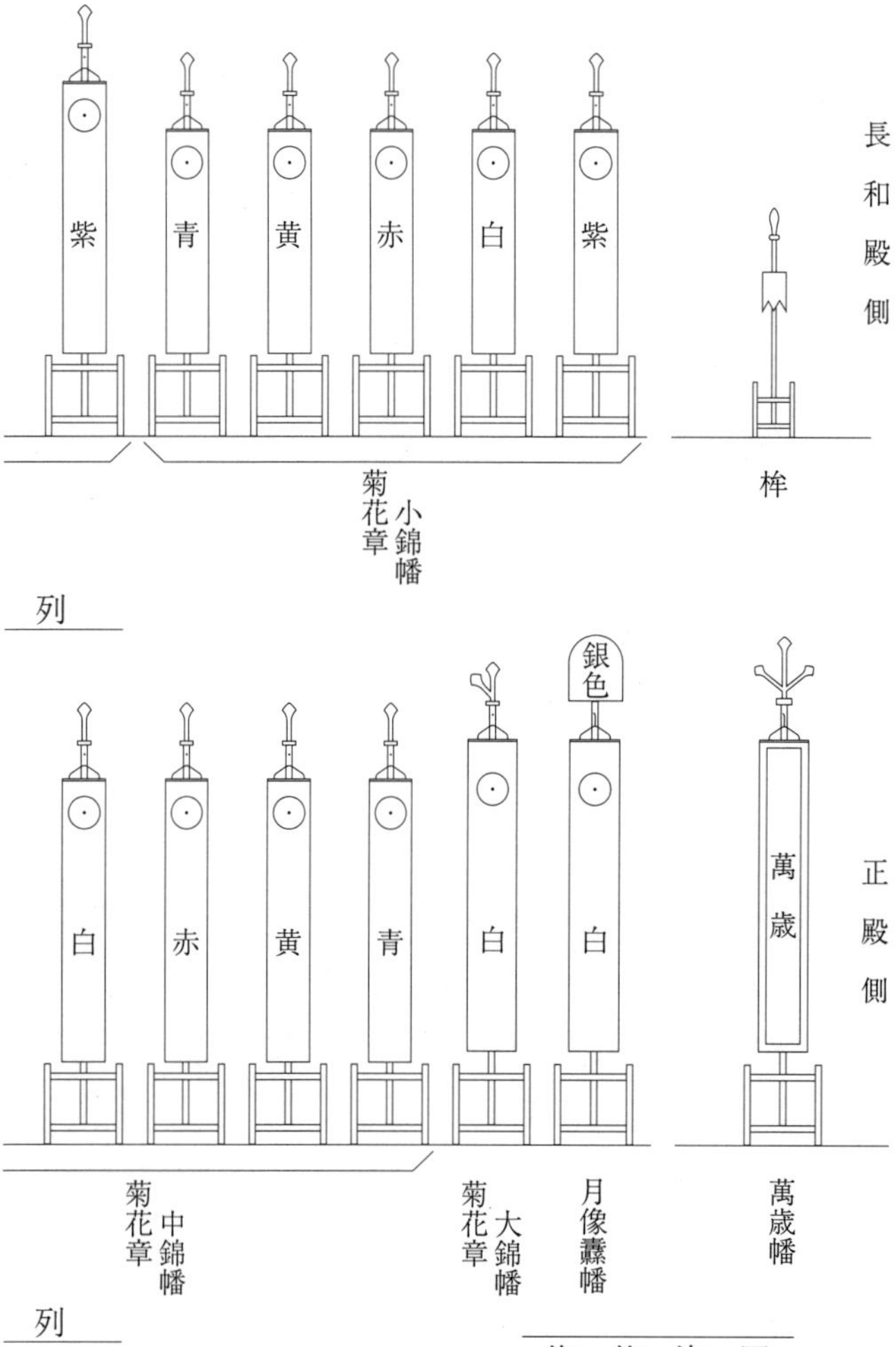
長和殿側
紫
青
黄
赤
白
紫
桙
菊花章
小錦幡
列
正殿側
銀色
白
赤
黄
青
白
白
萬歳
菊花章
中錦幡
菊花章
大錦幡
月像纛幡
萬歳幡
列

旛他姿図

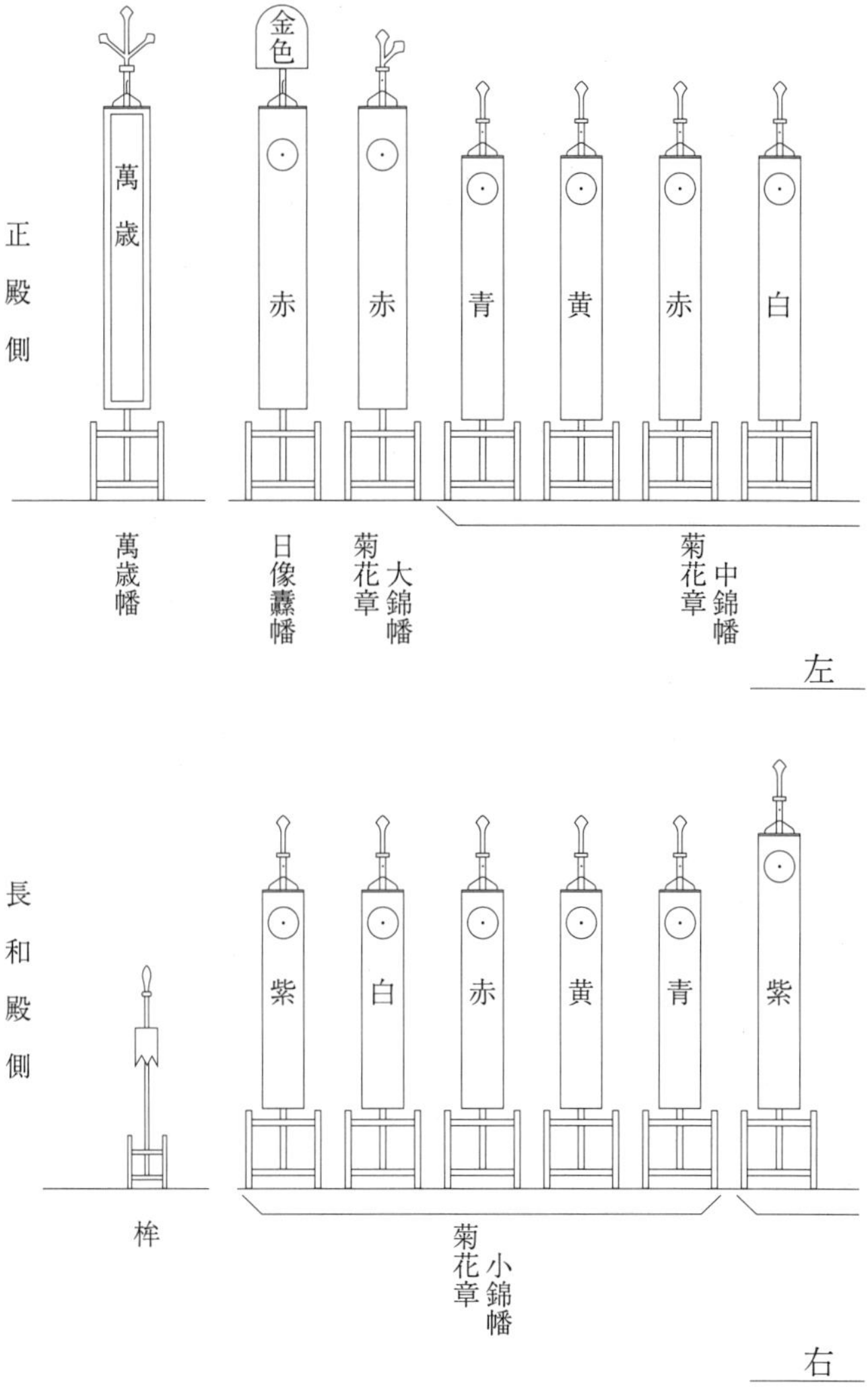
正殿側
萬歳
金色
赤
赤
青
黄
赤
白
萬歳幡
日像纛幡
菊花章大錦幡
菊花章中錦幡
左
長和殿側
紫
白
赤
黄
青
紫
桙
菊花章小錦幡
右

一三　祝賀御列の儀

前例にはない御儀である。この平成大礼時、天皇皇后両陛下は赤坂御所にお住まいであった。ために宮殿における即位礼正殿の儀を終えられてあと、夜の饗宴の儀までの間、一旦赤坂御所へお帰りのこととなるが、この当時の平素の半蔵門より三宅坂を経ての御道筋を用いられるとしても、おそらくは祝賀の国民が沿道を埋めつくすことと予想されたことで、それならば、さらに祝意を広くおうけになる方法でと考慮、設定された儀式である。

これについての内閣告示、ほかをつぎに掲げる。

○内閣告示第　五　号

平成二年十一月十二日に行われる祝賀御列の儀の細目は、次のとおりである。

平成二年十月二十三日

内閣総理大臣　海　部　俊　樹

一　祝賀御列の儀次第
1　天皇皇后両陛下が、南車寄にお出ましになり、所定の位置にお立ちになる。
2　国歌を奏する。
3　天皇皇后両陛下が御乗車になる。
4　御列が御出発になる。
5　御列が赤坂御所に御到着になる。
6　天皇皇后両陛下が御降車になる。
7　天皇皇后両陛下が赤坂御所御車寄の所定の位置にお立ちになる。
8　国歌を奏する。
9　天皇皇后両陛下が赤坂御所にお入りになる。

二　祝賀御列の儀の経路
御列は、宮殿南車寄を御出発になり、皇居正門、二重橋前交差点、桜田門交差点、国会

「祝賀御列の儀」自動車お列

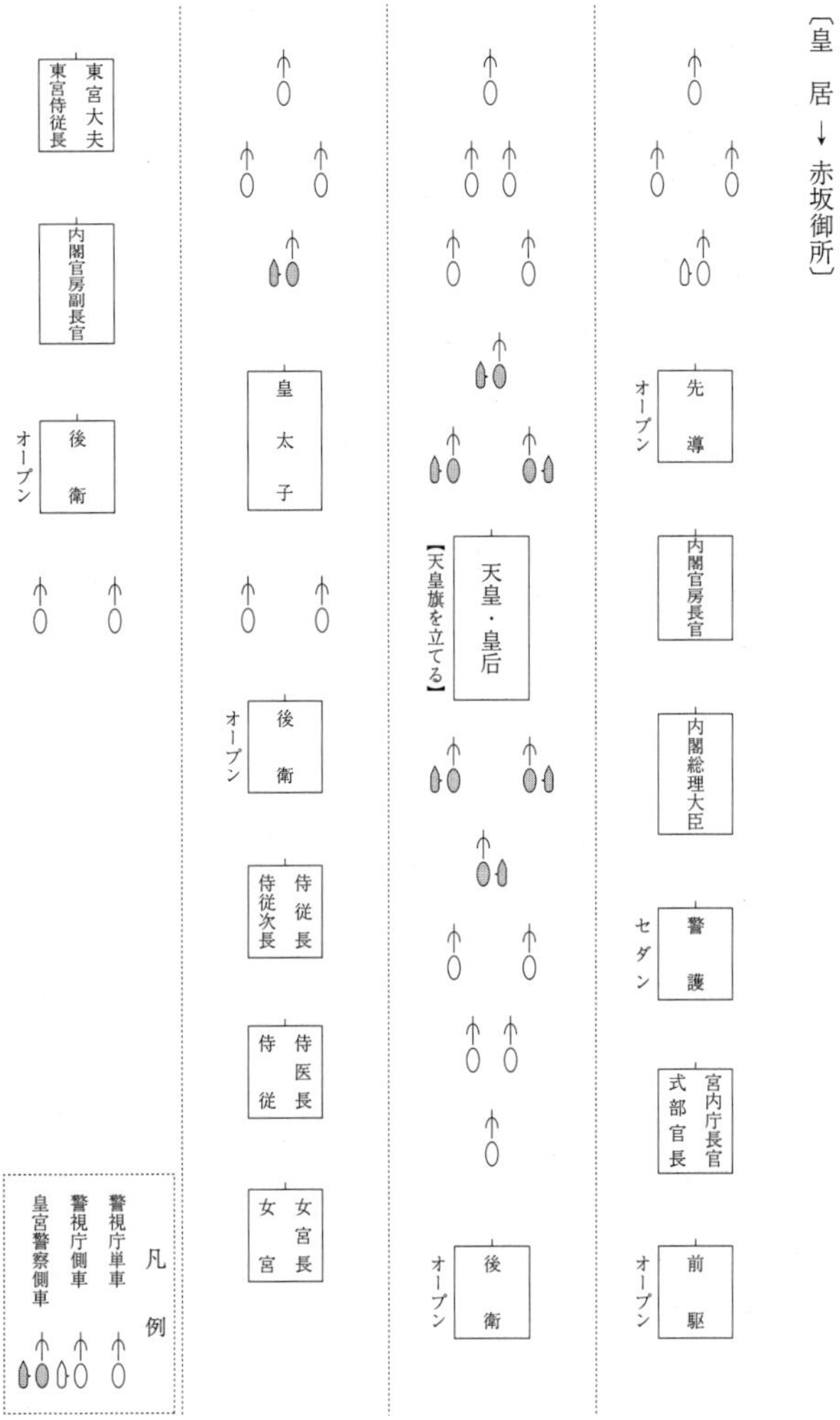
〔皇居→赤坂御所〕
オープン
先導
内閣官房長官
内閣総理大臣
セダン
警護
宮内庁長官
式部官長
オープン
前駆
天皇・皇后
【天皇旗を立てる】
オープン
後衛
皇太子
オープン
後衛
侍従長
侍従次長
侍医長
侍従
女官長
女官
東宮大夫
東宮侍従長
内閣官房副長官
オープン
後衛
凡例
警視庁単車
警視庁側車
皇宮警察側車

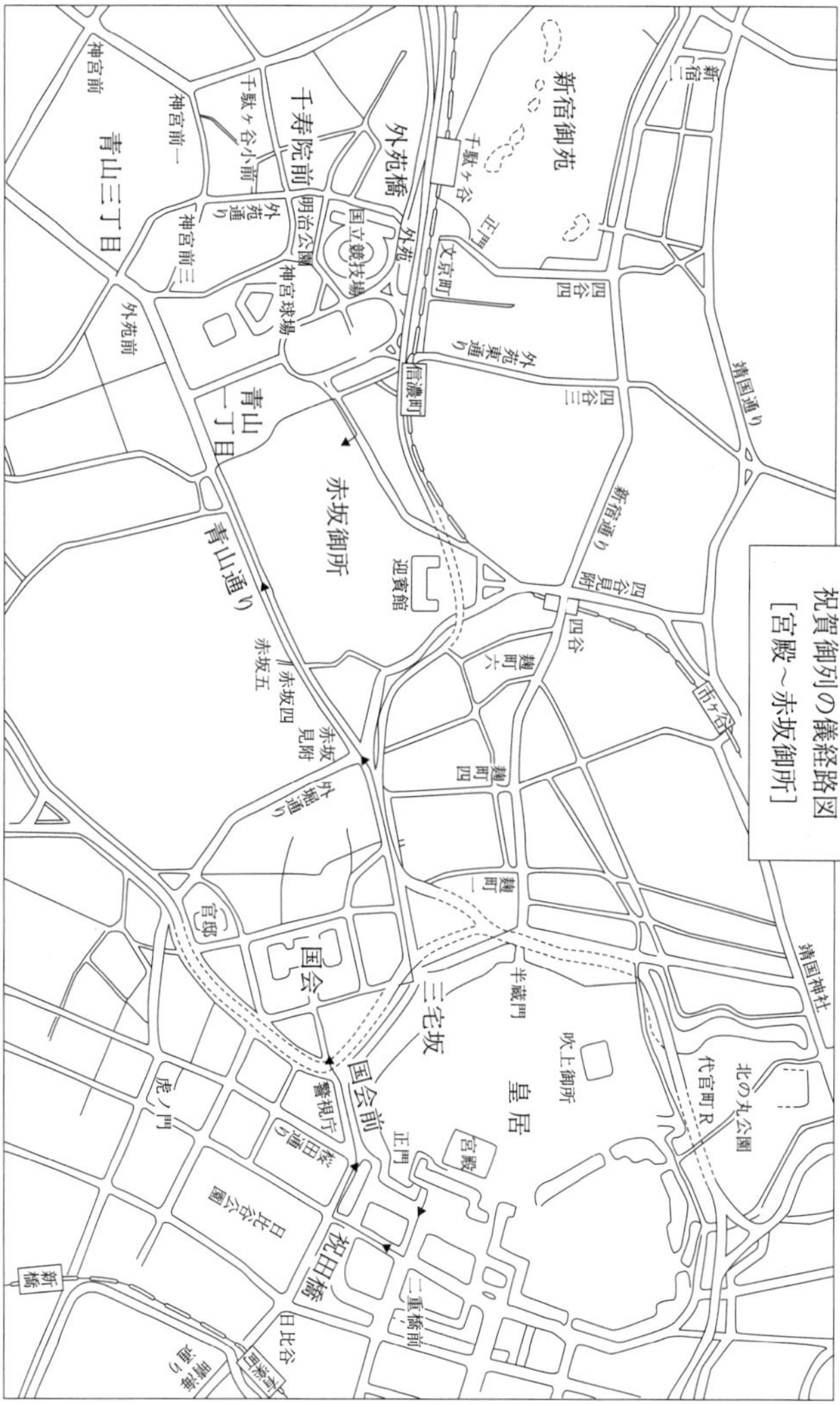
祝賀御列の儀経路図
［宮殿～赤坂御所］
新宿御苑
新宿二
千駄ヶ谷
正門
四谷四
外苑東通り
四谷三
靖国通り
新宿通り
四谷見附
四谷
市ヶ谷
麹町六
麹町四
麹町一
靖国神社
北の丸公園
代官町R
半蔵門
吹上御所
皇居
宮殿
正門
二重橋前
有楽町
日比谷
晴海通り
新橋
日比谷公園
桜田通り
祝田橋
国会前
警視庁
三宅坂
国会
官邸
虎ノ門
外堀通り
赤坂見附
赤坂四
赤坂五
青山通り
赤坂御所
迎賓館
青山一丁目
外苑前
信濃町
外苑
文京町
外苑橋
国立競技場
明治公園
神宮球場
千寿院前
千駄ヶ谷小前
外苑通り
神宮前三
神宮前一
神宮前
青山三丁目

議事堂正門前、三宅坂交差点、都道府県会館前、赤坂御用地南門前、青山一丁目交差点、権田原交差点及び赤坂御所正門を経て、赤坂御所御車寄に御到着になる。

この祝賀御列の儀について、馬車御列、自動車御列のいずれとするか、皇族方が供奉されるかなど種々勘案され、この形式に落着いたのであり、宮殿南車寄より御出発のときに奏する行進曲「平成」も近衛秀健氏が特に作曲したが、沿道に付近住民だけでなく、遠隔の地よりも多くの国民が来て祝賀申し上げた。その数約十二万人であった。また、この儀のために、東京都では沿道、中央分離帯の植えこみに、菊花一万株をうえた。

付　即位礼後一日賢所御神楽の儀のこと

昭和大礼時には、即位礼の翌日に「即位礼後一日賢所御神楽ノ儀」が行われた。登極令附式にも、その次第が記されている。平成の大礼では、この御儀は行われなかった。しかし、それはただ省略したのではない。古例を調査の上、登極令に定められた理由等も考えた上でのことである。賢所御神楽、『禁秘抄』『一代要記』等より知られる一条天皇の御代より隔年に奏され、白河天皇の承保年間より毎年と改め奏され、現代に続く十二月中旬の恒例の賢所御神楽でなく、登極令によるそれは臨時の賢所御神楽となる。よって古例を調査し、前例は大礼が京都で行われたことで、賢所が東京より京都へ渡御になったが、そのように渡御の場合の例でなされたこととみて、今回は渡御のことはなく、この儀は行われるべき儀でないとみて行われなかったのである。

一四　饗宴の儀

序章に既に記したが、即位の礼では、『日本書紀』持統天皇の条に記す即位式、大嘗祭、それに続いての大饗の三儀が重要な構成要素とされ、それ以降代々、それを継承されて来た。

ここで、大嘗祭のあとの大饗とは別して、平成の大礼では即位礼正殿の儀のあと、大嘗祭までの間に、饗宴の儀が国事行為として行われたが、その饗宴の儀と大饗とでは性格が大きく異なることを念のため記しておきたい。大饗は先述したし、また後述するが、伝統的なものである。今回の饗宴の儀は、前例でも十一月十日の紫宸殿の儀のあと、十四日の大嘗宮の儀までの間に、外国要人を京都滋賀周辺で政府がもてなしたが、今回は十二日の即位礼正殿の儀のあと、二十二日の大嘗祭まで時日も多く、外国元首、大統領ほか要人はその大嘗祭に参列のこともなく帰国することで、ことに国数もふえたその外国元首等を主として考慮し、ここにこの儀がおかれたのであり、その外国元首たちに加えて、国内の代表もここでその祝意をうける意で入れられたのであり、その場の関係で、四日に参列者を区分して行われた。
この儀についての内閣告示を掲げる。

○内閣告示第　六　号
平成二年十一月十二日から同月十五日までに行われる饗宴の儀の細目は、次のとおりである。

平成二年十月二十三日

内閣総理大臣　海　部　俊　樹

一　饗宴の儀次第
㈠　饗宴の儀（第一日）
1　天皇皇后両陛下が松風の間にお入りになる。
2　内閣総理大臣、衆議院議長、参議院議長、最高裁判所長官、国務大臣、内閣法制局長官及び内閣官房副長官並びにこれらの者の配偶者が、順次、松風の間に入り、天皇皇后両陛下に謁見し、春秋の間に入る。
3　外国元首・祝賀使節及びこれらの者の配偶者が、順次、松風の間に入られ、天皇皇后両陛下とごあいさつを交わされ、春秋の間に入られる。
4　食前の飲物を供する。
5　参列者が豊明殿に入る。
6　天皇皇后両陛下が豊明殿にお入りになる。
7　食事を供する。
8　天皇皇后両陛下が参列者とともに正殿松の間にお入りになる。
9　高御座及び御帳台を供覧する。
10　天皇皇后両陛下が参列者とともに春秋の間にお入りになる。
11　食後の飲物を供する。
12　舞楽を供覧する。
13　天皇皇后両陛下が松風の間にお入りになり、外国元首・祝賀使節及びこれらの者の配偶者が、順次、松風の間に入られ、おいとまを告げて退出される。
14　天皇皇后両陛下が御退出になる。

㈡　饗宴の儀（第二日第一回）

1　天皇皇后両陛下が豊明殿にお出ましになる。

2　天皇陛下のおことばがある。

3　内閣総理大臣が祝詞を述べる。

4　国歌を奏する。

5　代表者が杯を挙げる。

6　食事を供する。

7　天皇皇后両陛下が豊明殿を御退出になる。

㈢　饗宴の儀（第二日第二回、第三日及び第四日第一回）

1　天皇皇后両陛下が連翠にお出ましになる。

2　天皇陛下のおことばがある。

3　代表者が祝詞を述べる。

4　国歌を奏する。

5　代表者が杯を挙げる。

6　天皇皇后両陛下が連翠を御退出になる。

7　連翠において食事を供する。
8　天皇皇后両陛下が豊明殿にお出ましになる。
9　天皇陛下のおことばがある。
10　代表者が祝詞を述べる。
11　国歌を奏する。
12　代表者が杯を挙げる。
13　食事を供する。
14　天皇皇后両陛下が豊明殿を御退出になる。

(四)　饗宴の儀（第四日第二日）

1　天皇皇后両陛下が石橋の間にお入りになる。
2　外交使節団の長及びその配偶者が、順次、石橋の間に入り、天皇皇后両陛下に謁見し、豊明殿に入る。
3　天皇皇后両陛下が豊明殿にお出ましになる。
4　天皇陛下のおことばがある。
5　外交団長が祝詞を述べる。

饗宴の儀

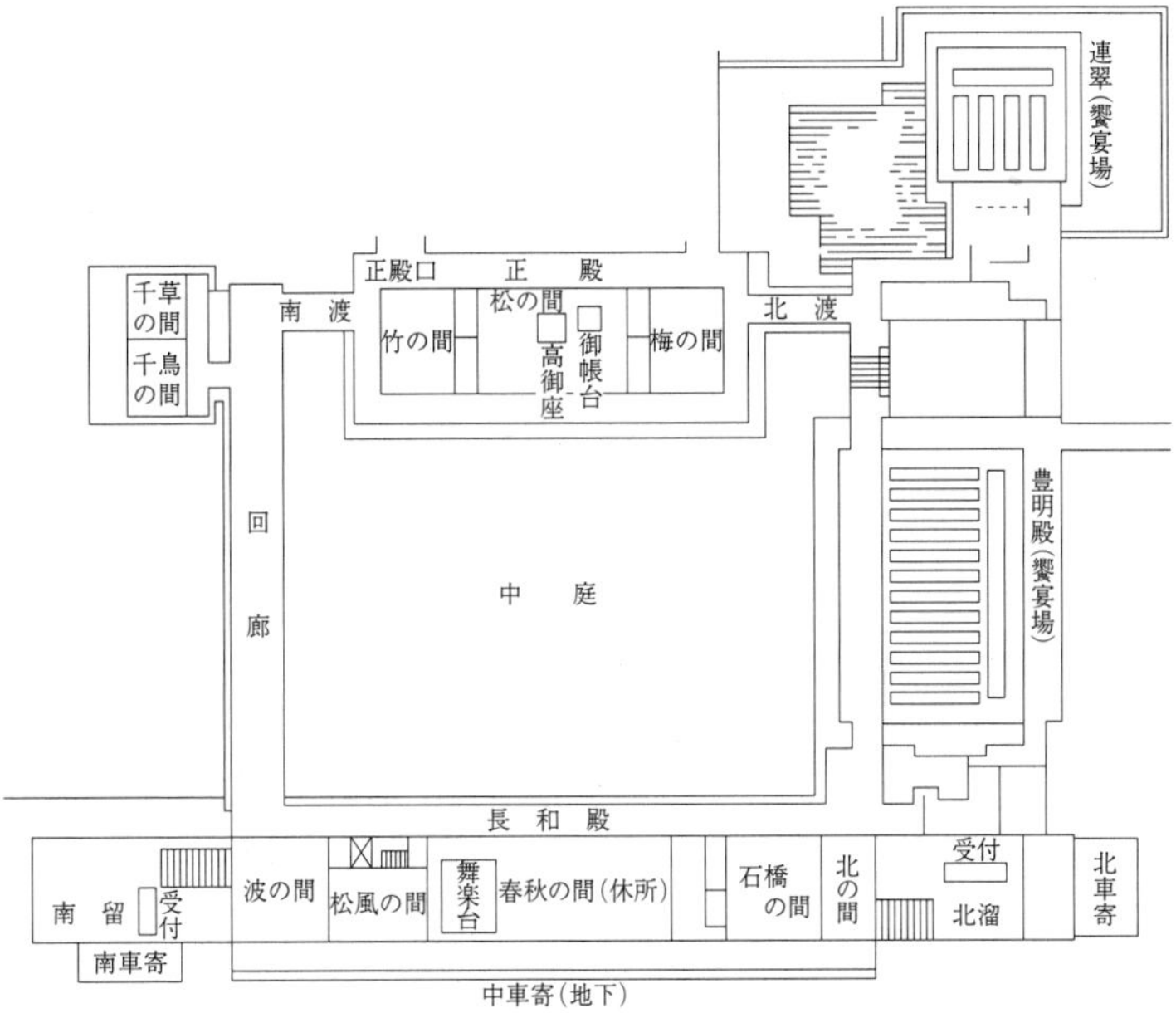
連翠（饗宴場）
正殿口
正　殿
松の間
南　渡
北　渡
千草の間
千鳥の間
竹の間
高御座
御帳台
梅の間
回　廊
中　庭
豊明殿（饗宴場）
長　和　殿
南　留
受付
波の間
松風の間
舞楽台
春秋の間（休所）
石橋の間
北の間
受付
北溜
北車寄
南車寄
中車寄（地下）

6　外交団長が杯を挙げる。
7　食事を供する。
8　天皇皇后両陛下が豊明殿を御退出になる。

二　参列者の範囲
1　即位礼正殿の儀に参列する者
2　即位礼正殿の儀の参列者の範囲に準じて、参列するにふさわしい者

(1)第一日

その実際の次第を掲げる。

饗宴の儀（第一日）

十一月十二日午後七時三十分、諸員が南車寄から千草・千鳥の間に参集する。
時刻、皇太子、親王、親王妃及び内親王が皇族休所に参集される。
午後七時十八分、天皇、皇后が松風の間にお入りになる。
次に皇太子、親王、親王妃及び内親王が春秋の間に入られる。

次に諸員が順次松風の間に参進し、天皇、皇后に謁見して退出する。

　式部官が誘導する。

次に諸員が春秋の間に入る。

　式部官が誘導する。

時刻、外国元首、祝賀使節及びその配偶者が順次南車寄及び北車寄から参入される。

　式部官が誘導する。

午後七時三十分、外国元首、祝賀使節及びその配偶者が順次松風の間に参進され、天皇、皇后とあいさつを交わされ、退出される。

　式部官が誘導する。

次に外国元首、祝賀使節及びその配偶者が春秋の間に入られる。

　式部官が誘導する。

次に食前の飲物を供する。

次に皇太子、親王、親王妃及び内親王が外国元首、祝賀使節及びその配偶者並びに諸員とともに豊明殿に入られる。

　式部官が誘導する。

次に天皇、皇后が外国元首及びその配偶者とともに豊明殿にお入りになる。

式部官長及び宮内庁長官が前行し、侍従長、侍従、女官長及び女官が随従する。

次に食事を供する。

この間、雅楽を奏する。

次に天皇、皇后が外国元首、祝賀使節及びその配偶者並びに諸員を正殿松の間に御誘引になる。

式部官長及び宮内庁長官が前行し、皇太子、親王、親王妃及び内親王が供奉され、侍従長、侍従、女官長及び女官が随従する。

次に外国元首、祝賀使節及びその配偶者並びに諸員に高御座及び御帳台を供覧する。

次に天皇、皇后が外国元首、祝賀使節及びその配偶者並びに諸員とともに春秋の間にお入りになる。

式部官長及び宮内庁長官が前行し、皇太子、親王、親王妃及び内親王が供奉され、侍従長、侍従、女官長及び女官が随従する。

次に食後の飲物を供する。

次に舞楽を御覧に供する。

次に御歓談になる。

次に天皇、皇后が松風の間にお入りになる。

次に外国元首、祝賀使節及びその配偶者が順次松風の間に参進され、おいとまを告げられる。

　式部官が誘導する。

次に外国元首、祝賀使節及びその配偶者が順次南車寄及び北車寄から退出される。

次に天皇、皇后が御退出になる。

　式部官長及び宮内庁長官が前行し、皇太子、親王、親王妃及び内親王が供奉され、侍従長、侍従、女官長及び女官が随従する。

次に諸員が南車寄から退出する。

○

服装　燕尾服、紋付羽織袴又はこれらに相当するもの
　勲章着用

お　列

式部官長　宮内庁長官　天　皇　皇　后　皇太子

親　王　　　　　　侍従長　　　侍　従
親王妃
内親王　　　　　　女官長　　　女　官

(2)第二日第一回

饗宴の儀（第二日第一回）

十一月十三日午前十一時四十分、参列の諸員が春秋の間に参集する。

この際、正殿松の間において高御座及び御帳台を供覧し、春秋の間において舞楽を供覧する。

午前十一時四十五分、皇太子、親王、親王妃及び内親王が皇族休所に参集される。

次に諸員が豊明殿に入り着席する。

式部官が誘導する。

正午、天皇、皇后が豊明殿にお出ましになる。

式部官長及び宮内庁長官が前行し、皇太子、親王、親王妃及び内親王が供奉され、侍従長、侍従、女官長及び女官が随従する。

次に天皇のおことばがある。

次に内閣総理大臣が祝詞を述べる。

次に国歌を奏する。

次に代表者が杯を挙げる。

次に食事を供する。

　この間、雅楽を奏する。

次に天皇、皇后が御退出になる。

　前行、供奉及び随従はお出ましのときと同じである。

次に諸員が退出する。
　○
服装　モーニングコート、ダークスーツ、紋付羽織袴又はこれらに相当するもの

お　列

式部官長　宮内庁長官　天　皇　皇　后　皇太子　親　王　親王妃　内親王　侍従長　女官長　侍従　女官

(3)第二日第二回

饗宴の儀（第二日第二回）

十一月十三日午後七時四十分、参列の諸員が春秋の間及び石橋の間に参集する。

　この際、正殿松の間において高御座及び御帳台を供覧し、春秋の間において舞楽を供覧する。

午後七時四十五分、皇太子、親王、親王妃及び内親王が皇族休所に参集される。

次に諸員が豊明殿及び連翠に入り着席する。

　式部官が誘導する。

午後八時、天皇、皇后が連翠にお出ましになる。

　式部官長及び宮内庁長官が前行し、皇太子、親王、親王妃及び内親王が供奉され、侍従長、侍従、女官長及び女官が随従する。

次に天皇のおことばがある。

次に代表者が祝詞を述べる。

次に国歌を奏する。

次に代表者が杯を挙げる。

次に天皇、皇后が連翠を御退出になる。

式部官長及び宮内庁長官が前行し、侍従長、侍従、女官長及び女官が随従する。

次に連翠において食事を供する。

この間、雅楽を奏する。

次に天皇、皇后が豊明殿にお出ましになる。

式部官長及び宮内庁長官が前行し、親王及び親王妃が供奉され、侍従長、侍従、女官長

及び女官が随従する。

次に天皇のおことばがある。

次に代表者が祝詞を述べる。

次に国歌を奏する。

次に代表者が杯を挙げる。
次に食事を供する。
　この間、雅楽を奏する。
次に天皇、皇后が豊明殿を御退出になる。
　前行、供奉及び随従はお出ましのときと同じである。
次に皇太子、親王、親王妃及び内親王が連翠を退出される。
次に諸員が豊明殿及び連翠を退出する。
〇
服装　ブラックタイ、ダークスーツ、紋付羽織袴又はこれらに相当するもの

お列
（連翠にお出ましのとき）

式部官長　宮内庁長官　天皇　皇后　皇太子　親王　侍従長　侍従
　　　　　　　　　　　　　　　　　　　　　親王妃　女官長　女官
　　　　　　　　　　　　　　　　　　　　　内親王

（連翠を御退出のとき）

式部官長　宮内庁長官　天　皇　皇　后　侍従長　侍従
　　　　　　　　　　　　　　　　　　　女官長　女官

（豊明殿にお出ましのとき、御退出のとき）

式部官長　宮内庁長官　天　皇　皇　后　親　王　侍従長　侍従
　　　　　　　　　　　　　　　　　　　親王妃　女官長　女官

饗宴の儀（第三日第一回）

以下略する。

一五　外国国王王族との御会見

1　外国国王王妃等御会見

平成二年十一月十三日午前十時、天皇、皇后両陛下は、外国国賓等と赤坂御所鶴の間で御挨拶のあと、桧の間で御歓談になった。このとき、秋篠宮同妃両殿下、清子内親王殿下、三笠宮同妃両殿下が御陪席になった。この時の御出席外国賓客は、ベルギー国ボードワン国王王妃両陛下、ルクセンブルグ国ジャン大公同妃両殿下、デンマーク国マルグレーテ女王陛下、ヘンリック王配殿下、ブータン国ワンチュク国王陛下、スウェーデン国グスタフ国王王妃両陛下、ブルネイ国ボルキア元首陛下、マレイシア国アズラン・シャー元首同妃両陛下、ノールウェー国ハラルド皇太子同妃両殿下であった。なお、このときの御服装は平服であった。

2　外国王族とのお会い

平成二年十一月十三日午前十時、東宮仮御所西の間で、皇太子殿下は、外国王族とあいさつを交わされ、歓談された。このとき、常陸宮同妃両殿下、秩父宮妃殿下、寛仁親王同妃両殿下、高円宮同妃両殿下が御陪席になった。このときの招待者は、ジョルダン国ハッサン皇太子同妃両殿下、英国チャールズ皇太子同妃両殿下、タイ国ワチラロンコーン皇太子殿下、オランダ国ウィレム・アレキサンダー皇太子殿下、スペイン国フェリペ皇太子殿下、リヒテンシュタイン国アロイス皇太子殿下、ネパール国ディペンドゥラ皇太子殿下、同王族ギャネンドラ（王弟）同妃両殿下、モロッコ国ラシド殿下（国王第二王子）、トンガ国ピロレブ王女殿下（国王長女）、同夫君カタル国ムハンマド殿下（首長実兄）、サウディ、アラビア国ナワーフ殿下（王弟）、クウェイト国ナーセル殿下（外務担当国務大臣）、アラブ首長国連邦ムハンマド殿下（空軍司令官）、スワジランド国ディビッド（韓国大使）同妃両殿下、バハレーン国アリ殿下（ハリーファ首相令息）、ブルネイ国ジェフリ・ボルキア殿下（王弟）、同ペンギラン・アナック・イドリス（国王の義弟）であった。このとき、平服を使用された。

一六　園遊会

平成二年十一月十三日午後、天皇皇后両陛下には、即位礼正殿の儀に参列の外国元首、祝賀使節及びその配偶者等を赤坂御苑にお招きになり、園遊会をお催しになった。天皇皇后両陛下は皇族各殿下の供奉でお出ましになり、外国の参列者と御挨拶を交された。

その次第は次の如くであった。

十一月十三日午後二時二十分、内閣総理大臣及びその他の諸員が赤坂御苑の会場に参集する。

時刻、皇太子、親王、親王妃及び内親王が会場に到着される。

時刻、天皇、皇后が会場に御到着になる。

　供奉員が随従する。

午後二時三十分から外国元首及び祝賀使節並びに以上の者の配偶者が所定の門から会場に順

次参集される。

次に外国元首及び祝賀使節の主要随員及び駐日大使並びに以上の者の配偶者が所定の門から会場に順次参集する。

次に天皇、皇后が所定の位置で外国元首及び祝賀使節等とごあいさつをお交わしになり、御歓談になる。

次に皇太子、親王、親王妃及び内親王が所定の位置で各員と歓談される。

この間、茶菓を供し、箏曲及び洋楽を奏する。

次に外国元首及び祝賀使節並びに以上の者の配偶者が退場される。

午後四時、天皇、皇后が御退場になる。

式部官長が先導し、供奉員が随従する。

次に、皇太子、親王、親王妃及び内親王が退場される。

次に各員が退場する。

○

園遊会に招待される者の範囲は、次のとおりとする。

外国元首及び祝賀使節並びにその主要随員並びに以上の者の配偶者

駐日大使及びその配偶者
内閣総理大臣、衆議院議長、参議院議長、最高裁判所長官、国務大臣、外務政務次官、外務事務次官及び外務審議官並びに以上の者の配偶者
宮内庁長官、侍従長、式部官長及び宮内庁次長並びに以上の者の配偶者
特に召される者及びその配偶者

○

服装
モーニングコート、ダークスーツ又は紋付羽織袴
デイドレス又は白襟紋付、訪問着等

一七　内閣総理大臣夫妻主催晩餐会

平成二年十一月十三日午後六時より、都内のホテルにおいて、外国元首、祝賀使節等、駐日大使及び国内要人等を招待して、内閣総理大臣夫妻主催の晩餐会が開催された。その際、わが国の伝統文化芸能である歌舞伎及び能を鑑賞に供した。

一八　神宮に勅使発遣の儀

大嘗祭当日、伊勢の神宮に奉幣された。そのための勅使発遣の儀が、平成二年十一月十六日午前、宮殿竹の間で行われた。その次第は次の如くである。

神宮に勅使発遣の儀

十一月十六日午前九時、御殿を装飾する。
午前九時五十五分、大礼委員が着床する。
次に勅使が着床される。
次に天皇がお出ましになる。
　式部官長及び宮内庁長官が前行し、侍従が御剣を捧持し、侍従長及び侍従が随従する。
次に幣物を御覧になる(掌典長が侍立する)。

次に神宮に参向の勅使をお召しになる。
次に御祭文を勅使にお授けになる（宮内庁長官が奉仕する）。
次にお言葉があり、勅使が退いて幣物の傍らに立たれる。
次に幣物を辛櫃に納める（掌典が奉仕する）。
次に勅使が幣物を奉じて御殿を辞される。
次に天皇が御退出になる。
　前行及び随従は、お出ましのときと同じである。
次に各退出する。

○

服装　天皇：御引直衣
　勅使：衣冠単（帯剣）
　宮内庁長官、侍従長、侍従、式部官長、掌典長及び掌典：衣冠
　辛櫃奉舁者：衣冠単
　大礼委員：モーニングコート又はこれに相当するもの

お　列

式部官長　宮内庁長官　天　皇　侍従（裾）侍従（裾）　侍従（御剣）　侍従長

この大要は先の期日奉告のための勅使発遣の儀と同じである。

一九　一般参賀

平成二年十一月十八日、天皇、皇后両陛下は、御即位を奉祝し宮殿東庭に参進した国民の参賀を午前三度、午後五度の計八回、長和殿ベランダよりうけられた。この日は、特別の参賀であるため、特に皇族方も並ばれたのであり、天皇陛下は祝意にこたえられ、感謝の意を表されて、つぎのお言葉を賜わった。

お言葉

即位礼正殿の儀及び関連する諸行事が終わり、今日このようにして国民の祝意をうけ、誠にうれしく、深く感謝の意を表します。

ここに皆さんの幸せを祈り、わが国が世界の国国と相携え、人類の平和と福祉を求めつつ、共に発展することを、心より念願いたします。

この日、前日より徹夜して参賀した人々もおり、それらの人々は「皇居参賀協力委員会」の用意した日の丸の小旗を持ち、参進したが、皇宮警察の調べで、十万九千八百人に上った。

なお、この日この一般参賀をうけられたあと、天皇陛下は完成直前の大嘗宮に全皇族をおつれになり、見学させられ、その日に備えさせられたことを、ここに記させて頂く。

二〇　大嘗祭前二日御禊

天皇陛下は、大嘗祭を前にされて、前二日すなわち平成二年十一月二十日午後、宮殿竹の間で御禊あらせられた。大嘗祭前の御禊《ぎょけい》について、古くより多くの書に記されて来たが、前例によりつぎに掲げる次第により御禊あらせられた。それは節折《よおり》に準ずる。すなわち、毎年六月、十二月の晦日《みそか》に節折の儀、御服《ごふく》、御麻《みぬさ》、御竹《おんたけ》、御壺《おんつぼ》を用いられ、荒世《あらよ》、和世《にごよ》の儀と繰返されるそれと同様の御儀であらせられた。

大嘗祭前二日御禊

十一月二十日正午、御禊所を舗設する。
午後二時、大礼委員が着床する。
次に掌典長及び掌典が着床する。

次に天皇がお出ましになる。
　侍従が前行する。
次に御禊の儀がある。
次に天皇が御退出になる。
　前行は、お出ましのときと同じである。
次に各退出する。

○

服装　天皇：御直衣
　掌典長、掌典及び侍従：衣冠
　掌典補：布衣
　出仕：雑色
　大礼委員：モーニングコート又はこれに相当するもの

二一　大嘗祭前二日大祓

大嘗祭を行われる前に、大祓の行われること、古く『延喜式』に、そのことの行われることの定まってあと、八月に大祓使を卜定し、京師、畿内《きない》、諸道へ差遣して祓わしめられること、すなわち京師ほか全国を祓わしめること以下厳重に定められており、それをなされた記録も多くみられるが、今回は前例、また現行法のもとでのこと等を考慮し、前二日すなわち十一月二十日午後三時、恒例の六月、十二月晦日の大祓の儀の場である神嘉殿前庭ではなく、ことにこの場合の大祓の目的、その他を考え、皇居正門、すなわち二重橋の鐵橋傍らの地を選び、そこでつぎの次第で行なった。

大嘗祭前二日大祓

十一月二十日午後二時、祓所を舗設する。

午後三時、大礼委員及び大礼委員幹事が着床する。

次に掌典長及び掌典が着床する。

次に親王が着床される。

次に掌典補二人が御麻に祓の稲を挿む。

次に掌典長が掌典に祓いのことを命ずる。

次に掌典が進んで大祓詞を読む。終って他の掌典が大麻を執って親王及び大礼委員等を祓い、
　これを掌典補に授ける。

次に掌典が掌典補を率い祓物を執って大河に向かう。

次に各退出する。

○

服装　掌典長及び掌典：衣冠
　掌典補：布衣
出仕：雑色
親王・大礼委員：モーニングコート又はこれに相当するもの

二三　大嘗祭前一日大嘗宮鎮祭

大嘗宮については、後に詳しく記すが、その建設も成り、平成二年十一月二十一日午後、大嘗祭前一日大嘗宮鎮祭が行われた。その次第はつぎの如くである。

大嘗祭前一日大嘗宮鎮祭

十一月二十一日午後二時、悠紀主基両殿、神門及び廻立殿を舗設する。
午後三時、掌典及び掌典補が悠紀殿南階の下に参進する。
次に掌典補が木綿を着けた賢木を悠紀殿内陣の四隅に立てる。
次に掌典が掌典補を率いて悠紀殿内陣の四隅に米、塩、切麻を散供する。
次に掌典補が悠紀殿内に真薦を敷き、高案を設ける。
次に神饌を供する。

次に掌典が祝詞を奏する。

次に神饌を撤する。

次に掌典及び掌典補が主基殿南階の下に参進する。

以下悠紀殿の式に同じ。

次に掌典及び掌典補が南面の神門外に参進する。

次に掌典補が木綿を着けた賢木を各神門の左右に立てる。

次に掌典が掌典補を率いて各神門に米、塩、切麻を散供する。

次に掌典補が南面の神門中央に真薦を敷き、高案を設ける。

次に神饌を供する。

次に掌典が祝詞を奏する。

次に神饌を撤する。

次に掌典及び掌典補が廻立殿南階の下に参進する。

次に掌典補が木綿を着けた賢木を廻立殿中央の御間、御湯殿及び東の御間の四隅に立てる。

次に掌典が掌典補を率いて廻立殿中央の御間、御湯殿及び東の御間の四隅に米、塩、切麻を散供する。

次に各退出する。

服装　掌典：衣冠

○

掌典補：布衣

出仕：雑色

この儀は、大嘗宮が成り、大嘗祭をいよいよ斎行されるに当って、古例のままに、古くの大殿《おおとの》祭《ほがい》、御門《みかど》祭に類し、各殿、御門の安泰を願う儀である。すなわち、大嘗祭がそこで滞りなく行われるために、新しく建てた大嘗宮各殿、御門すべてで行われる。

二三　大嘗祭前一日鎮魂の儀

古く神祇令に既に定められているが、古来大嘗祭、新嘗祭の前日に必ず行われて来た儀である。前例では京都小御所《こごしょ》を斎場として行われたが、今回はその小御所と略同様の様式であり、例年新嘗祭前一日に鎮魂祭を行う場ともされている賢所構内綾綺殿《りょうきでん》（本来は天皇陛下、皇后陛下が祭礼時、御着装、御手水をされる御殿）をあて、そこを装飾して行われた。

その次第は後掲の如くであるが、登極令附式に、

其ノ儀、皇室祭祀令附式中新嘗祭前一日鎮魂ノ式ノ如シ

但シ、大礼使高等官著床ス、其ノ服装ハ総テ斎田点定ノ式ノ如シ

とあるが、これによった前例に準じ、この登極令の前段に従い、例年の新嘗祭前一日の鎮魂の式の通りに行われ、後段の但し書きにより例年の新嘗祭前一日の鎮魂の場合と異り、また前例とも異り、それに準じて大礼委員が、今回の斎田点定の場合と同様、モーニングコートを着用し、著

床した。

大嘗祭前一日鎮魂の儀

十一月二十一日午後二時、御殿を装飾する。
午後四時、神座を奉安する。
同　五時、大礼委員が着床する。
次に掌典長、掌典次長及び掌典が着床する。
次に神饌を供する。
　この間、神楽歌を奏する。
次に掌典長が斎殿に昇り祝詞を奏し、終わって掖座に着く。
次に糸結及び御衣振動の儀がある。
　この間、神楽歌を奏する。
次に神饌を撤する。
　この間、神楽歌を奏する。
次に各退出する。

○

服装　掌典長、掌典次長、掌典及び楽長：衣冠

掌典補及び楽師：布衣

出仕：雑色

大礼委員：モーニングコート又はこれに相当するもの

この大嘗祭前一日の鎮魂の儀は、綾綺殿《りょうきでん》を使用して行うことからも、察せられる如く、平素神の御不在の御殿に、神座を奉安し、そこに『延喜式』巻二、四時祭《しいじさい》下鎮魂祭の条に記される通りの「神八座神魂、高御魂、生魂、足魂、魂留魂、大宮女、御膳《みけつ》魂、辞代主《ことしろぬし》」と「大直神一座」との降神を願っての儀であり、また、「太刀一口《く》、弓一張、箭二隻、鈴廿口、佐奈伎廿口、絁《あしぎぬ》一疋、木綿五斤、麻十斤」のいわゆる「八代物《やつしろ》」を供し、神饌を供し、掌典長の祝詞奏上のあと、『古語拾遺』『先代旧事本紀』に記されるところに由来する糸結の儀、御衣振動の儀が行われたあと、大直歌を奏し、倭舞を奏する。

この儀の意義について、昭和になり、よく調査考証もせず、妄説を弄する学者が出て、それをまたよく検証せず盲信する徒も生じた。それに対し、渡辺勝義氏が着実に史料に当り、その非を

退け、『鎮魂祭の研究』で正しく論じたが、この儀が神祇令に規定されたその原点より正しくみた上で、その意義も正しく把握されるべきであり、軽々な妄説に迷うべきでないこと、今回、そのようなことのあったことで特に記しておきたい。

二四　大嘗祭当日神宮に奉幣の儀

大嘗祭当日、伊勢の神宮に勅使を遣わし、午前七時三十分豊受大神宮に、午後二時皇大神宮に幣物を奉らせられた。この時の勅使の服装は、恒例の祈年祭、神嘗祭の場合などと異り、束帯、帯剣であること、前例によった。その幣物は両宮に錦一巻、五色綾《あや》各一巻、白綾一巻、白帛一匹、五色帛各一匹、細布一匹、木棉一斤あて、別宮に五色帛各一丈、細布一端、木棉一斤あて献ぜられた。

大嘗祭当日神宮に奉幣の儀

皇大神宮

豊受大神宮

神宮の祭式による。

○

服装　勅使：束帯（帯剣）
勅使随員：衣冠単
出仕：雑色

二五　大嘗祭当日賢所大御饌供進の儀

大嘗祭当日午前、この儀がつぎの次第で行われた。

この儀の神饌は折敷高杯六基、折櫃二十合、酒二瓶、別神饌丸物十台である。また、幣物錦一巻、両面一巻、五色綾各一巻、五色帛各一匹、五色糸各一絇、五色綿各一屯、細布一匹、木棉一斤、麻一斤であった。

大嘗祭当日賢所大御饌供進の儀

十一月二十二日午前八時二十分、御殿を装飾する。

午前九時四十五分、大礼委員が休所に参集する。

次に御扉を開く。

　この間、神楽歌を奏する。

次に神饌及び幣物を供する。
　この間、神楽歌を奏する。
次に掌典長が祝詞を奏する。
次に御鈴の儀がある（内掌典が奉仕する）。
次に大礼委員が参進して幄舎に着床する。
　式部官が誘導する。
次に天皇御代拝
次に皇后御代拝
次に大礼委員が拝礼する。
次に幣物及び神饌を撤する。
　この間、神楽歌を奏する。
次に御扉を閉じる。
　この間、神楽歌を奏する。
次に各退出する。

○

服装　天皇御代拝：束帯
皇后御代拝：束帯
掌典長、掌典次長及び掌典：束帯
内掌典：衣袴、袿袴
掌典補及び楽師：衣冠単
出仕：雑色
大礼委員：モーニングコート又はこれに相当するもの

二六　大嘗祭当日皇霊殿神殿に奉告の儀

賢所大御饌供進の儀に続いて行われた。

この儀の神饌は、各殿それぞれ平盛十一基、酒二瓶であった。また幣物錦一巻、五色綾各一巻、五色帛各一匹、細布一匹、木棉一斤、麻一斤あてであった。

大嘗祭当日皇霊殿に奉告の儀

大嘗祭当日神殿に奉告の儀

賢所の式と同じ（御鈴の儀はない）。

二七　大嘗宮の儀

㈠　はじめに

大嘗宮《だいじょうきゅう》を建て、そこで行われる大嘗祭とは如何なる儀か。大嘗祭とは、天皇陛下が即位のあと、その年に収穫された新穀を皇祖天照大神《あまてらすおおみかみ》及び天神地祇《あまつかみくにつかみ》にお供えになり、また御親ら召し上る儀式のことであり、その意義は、天皇陛下が大嘗宮において、国家、国民のために、その安寧、五穀豊穣などを皇祖天照大神及び天神地祇に感謝し、また祈念されるところにある。

この大嘗祭は、稲作農業を中心としたわが国の社会に古くから伝承されてきた収穫儀礼に根ざしたものであるとともに、皇室に長く継承されてきた極めて重要な皇位継承儀礼である。

その大嘗祭について、古来儀式そのものの正しく継承されることを願って、着実に記述した古記録等が、多く残されて来ているが、その意義等について殊更に論じられることは、大正大礼までは決して多くはなかった。その大正大礼時に、川面凡児《かわづらぼんじ》はその著『憲法の根本原理』のなかで、大嘗祭について「天皇が神より御新穀を受けまして食《め》しますす事が第一の御祭であらせられる」と説明し、また八代國治《やしろくにはる》は「御大礼の意義」（大正四年・國學院雑誌21―10所収）なる論文のなかで、「大嘗祭は御即位礼の後、新穀を以て御饌御酒を造り、悠紀殿、主基殿に於て、天皇親ら天照大神を始め、天神地祇に饗し、又天皇親らも聞食す一代一度の大祀で毎年行はる丶新嘗祭と同じ意義の祭である」と説明するようなことが一般であった。

それに対して、昭和大礼のあと、大嘗祭は天皇が神性を得るための儀、神と一体となる儀とのような論が出された。すなわち折口信夫《おりくちしのぶ》の「大嘗祭の本義」（昭和三年九月講演、全集三巻所収）「大嘗祭の本義ならびに風俗歌《ふぞくうた》と真床襲衾《まどこおうふすま》」（昭和三年十一月、國學院雑誌34―11）、またそれ以下の論文、星野輝興《てるおき》の「大礼本義」（昭和三年十二月、神社協会雑誌27―12）、「大礼諸儀及其の意義」（昭和四年一月、宮内省「互助」9）等の論文などによってである。

ここで、この折口説はその先掲論文に記すところより、星野にある示唆をうけての論とみられるが、当時宮内省掌典であった星野の論は、正しく史料考証をしての論ではなく、折口もそれを検証することなく、それを基礎に主観的な論を出したものとみられる。その講演録、論文等よりみて、多くの史料、また過去の論を踏まえられてのものとはみられない。それが知られてか、それを発表された当時には反論もなく、評価もなかったようにみられる。

しかし、昭和十年以降の時代思潮の推移、また折口信夫の学者としての地位、また歌人としての地位の確立とともに、その唱えた大嘗祭は天皇が神性を得るための儀との論が正当とみられるようになり、さらに平成の大礼が近づくにつれ、ことに折口の説いた「真床襲衾なるものにお籠《こも》りになる聖なる御方が……」とのことが、古来真実に行われて来たととり、さらにはそれが本来とみるような多くの妄説が乱立と表現できるほど出るに至った。田中初夫が、戦後大嘗祭研究に懸命に当り『践祚大嘗祭』研究篇、資料篇（昭50・5刊、木耳社）も出していたが、それらをみないでの妄説であった。その妄説に対して岡田莊司氏が、史料に着実に当り、正しく考証し、その非を「大嘗祭―〝真床覆衾〟論と寝座の意味―」（平成元年十二月、國學院雜誌90―12）なる論文ほかで繰返し指摘し、さらに他にも異なる視点で正しく検証した成果を出す学者も出たが、その妄説を記した書が一般向けに低廉な価格で多く出されたこともあって、それを駆逐するには至らなかった。これが大嘗祭斎行にあらぬ大きな障害となりかけたことを記しておきたい。外国よりも、この説により、日本文化全体まで蔑視されそうになったのである。学問は正しくなされるべきであり、軽々なる論を出すこと厳に戒むべきこと、この平成の大礼の機に心ある人々強くまた認識したところである。

大嘗祭、稲作農業を主たる生業として生活して来たわが国において、古く『常陸国風土記《ひたちのくにふどき》』にもみられるその収穫を感謝しての「初嘗《にひなめ》」（新嘗）の儀は、ひろく各地各戸にわたり行われて来たことがみられるが、皇室において、毎年の新嘗祭と別して、御代はじめのその御儀を、特に大嘗祭として特別に行われるようになったのは、序章にも記したが、『日本書紀』にみられるところ、またその他の史料と併せ考え、天武天皇の御代よりとみられている。それよりあと、律令制度の整備とともに、即位礼と併せ、『延喜式』巻七践祚大嘗祭に細かく規定され、また『西宮記』、『北山抄』、『江家次第』以下多くの諸書にみられる如く厳粛に行われ、記録し、継承されて来た。

ただ、長い歴史のなかで、戦国の争乱のあと、中世末期より近世初頭にかけて、それを斎行できないような世情もなかったではないが、永遠に継続されるべき御儀である。

以下に、その大嘗宮について、またその次第とともに、適宜説明を加えて行きたい。

(二)　大嘗宮について

大嘗宮《だいじょうきゅう》とは、「大嘗宮の儀」が行われるところで、東側の悠紀殿《ゆきでん》、西側の主基殿《すきでん》、北側の廻立殿《かいりゅうでん》とそれに付属する諸施設の総称である。平成の大礼で、それは初めて皇居、東御苑《ひがしぎょえん》に建てられた。その大嘗宮について、『貞観儀式《じょうがんぎしき》』に続いて、『延喜式』に細かく規定されているが、平成の大礼でも、その『延喜式』に規定されるところを尊重しつつ、ことに大正、昭和の記録に着実に当り、規模に於いて、それと同等として造営された。

その平面図は別図（183頁）の如くであるが、正しく南面して、悠紀殿、主基殿ともに面積一〇九平方メートル、黒木《くろき》造り、切妻屋根《きりづまやね》で茅葺《かやぶ》き、柱、梁《はり》等の主要構造材は長野県産の「からまつ」、壁押縁《かべおしぶち》、建具材は群馬県、京都府産の「すぎ」、内外壁、天井、床仕上材は畳表張《たたみおもてば》りで、棟木までの高さ九・九メートル、千木《ちぎ》までの高さ一〇・八メートル、その千木の形式は前例通り悠紀殿が伊勢の皇大神宮と同じ内削《うちそ》ぎ、主基殿が同じく豊受大神宮と同じ外削《そとそ》ぎとされた。

廻立殿は面積一一七平方メートル、黒木造り、切妻屋根、茅葺き、構造材は悠紀、主基両殿と同じで、棟木までの高さ八・四メートルとされた。

帳殿は悠紀・主基の両棟ともに面積七平方メートル、木造（すぎ）、切妻屋根、板葺きであり、小忌《をみ》幄舎は同じく両棟とも面積一二五平方メートル、殿外《でんがい》小忌《おみ》幄舎《のあくしゃ》は面積七八平方メートルであり、いずれも木造（すぎ）、切妻屋根、板葺き、膳屋《かしはや》は両棟とも面積一〇九平方メートル、風《ふ》俗歌国栖《ぞくうたくず》古風《のいにしえぶり》幄《のあく》は両棟とも面積三八平方メートル、形式、材料いずれも小忌幄舎などと同じであるが、この風俗歌国栖古風幄は柱のみ黒木の「からまつ」が使用された。斎庫《さいこ》は面積一〇四

大嘗宮平面図

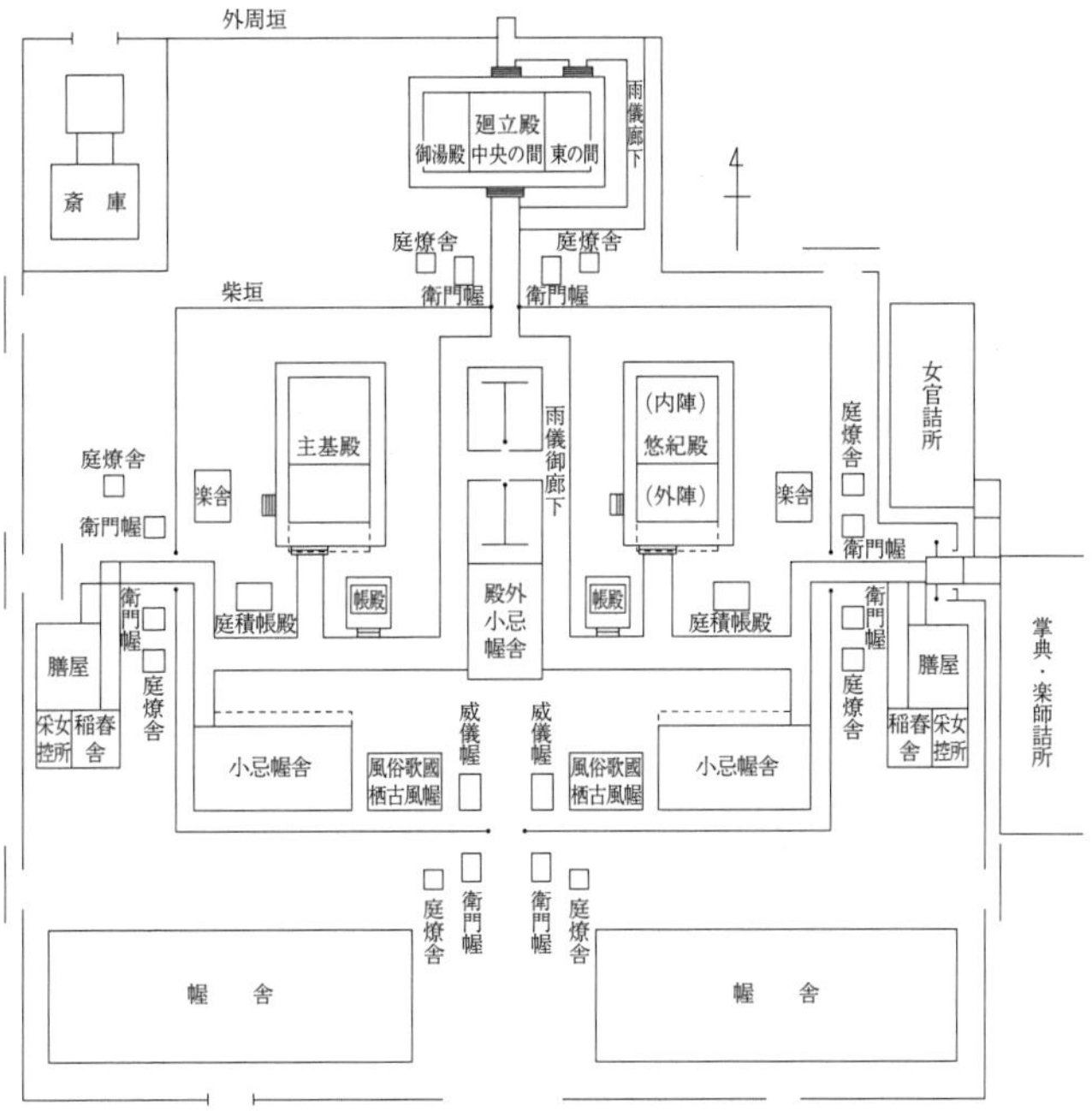
外周垣
斎　庫
廻立殿
御湯殿
中央の間
東の間
雨儀廊下
庭燎舎
衛門幄
柴垣
女官詰所
主基殿
(内陣)
悠紀殿
(外陣)
雨儀御廊下
楽舎
帳殿
殿外小忌幄舎
庭積帳殿
膳屋
釆女控所
稲春舎
小忌幄舎
威儀幄
風俗歌國栖古風幄
掌典・楽師詰所
幄　舎

平方メートル、材料等帳殿ほかと同じである。鳥居は北海道産の「やちだも」を黒木で使用、柴垣は高さ一・一メートル、間口六四・八メートル、奥行四八・六メートルで材料として「はぎ」、「くろもじ」、「つつじ」を使用、外周垣（『延喜式』に記す「外屏籬《そとへいり》」）は高さ二・五メートル、間口九五・四メートル、奥行九九メートル、よしず張りとされた。

参列者用の幄舎は、面積四五四平方メートルを二棟、天幕張りであるが、壁面、床張りともに堅固な建物とされた。

その悠紀・主基両殿ほかの黒木造りは『延喜式』以来の例によるものであり、またその両殿の内外壁、天井等を畳表張りとしたのも、『延喜式』に記す「以レ席」（席《むしろ》を以てせよ）によったものであり、その両殿の簀子《すのこ》、すなわちいわゆる回り縁に当る部分は、すべて竹で製したのも、『延喜式』に記す「加二竹簀一」（竹簀《たけのす》を加へよ）によったものである。また柴垣その他膳屋外壁等に榊枝でなく、椎枝をさしたのも、『延喜式』に「挿将二椎枝一古語所謂志比乃和恵」（挿《さ》すに椎《しい》の枝《わえ》をもってせよ、〈古語に謂ふところのしひのわえ〉）と記すところによってのことであり、昭和大礼でも古来の『延喜式』を基本としての造営をされたと同様、今回もそれを基本とした。南北神門の左右外掖に神楯各一枚、神戟《かんほこ》各二竿を樹てたのも、それによってのことである。

なお、今回のその総面積は、約三、三〇〇平方メートル余であった。

(三) 大嘗宮の儀

(1) 次第

はじめに、その次第を掲げる。『登極令』に拠られた前例を第一としつつ、現行法制を考慮し、諸役奉仕者、参列者等には特に留意して改めた。

大嘗宮の儀

十一月二十二日時刻、大嘗宮を装飾する。

時刻、皇宮儀仗が皇居の諸門及び宮殿の南車寄、北車寄及び中車寄の所定の位置に着く。

時刻、参列の諸員が休所に参集する。

次に皇太子、親王、親王妃及び内親王が皇族休所に参集される。

時刻、天皇が御休所にお着きになる。

時刻、皇后が御休所にお着きになる。

次に衛門二十人が南北（左右各三人）及び東西（左右各二人）各神門の所定の位置に着く。

次に威儀の者左右各六人が南面の神門から参入し、所定の位置に着く。

次に悠紀主基両殿の神座を奉安する（掌典長が掌典次長、掌典及び掌典補を率いて奉仕する）。

次に繒服、麁服を各殿の神座に置く（掌典長が奉仕する）。

次に各殿に斎火の灯燎を点す（掌典が掌典補を率いて奉仕する）。

この時、庭燎を焼く。

悠紀殿供饌の儀

時刻、天皇が廻立殿にお入りになる。

次に小忌御湯を供する（侍従が奉仕する）。

次に御祭服を供する（侍従が奉仕する）。

次に御手水を供する（侍従が奉仕する）。

次に御笏を供する（侍従が奉仕する）。

時刻、皇后が廻立殿にお入りになる。

次に御服を供する（女官が奉仕する）。

次に御手水を供する（女官が奉仕する）。

次に御檜扇を供する（女官が奉仕する）。

時刻、式部官が前導して諸員が参進し、南面の神門外の幄舎に着床する。

次に膳屋に稲舂歌を発し（楽師が奉仕する）、稲舂を行い（采女が奉仕する）、神饌を調理する
（掌典が掌典補を率いて奉仕する）。

次に本殿南庭の帳殿に庭積の机代物を置く（掌典が掌典補を率いて奉仕する）。

次に掌典長が本殿に参進し、祝詞を奏する。

次に天皇が本殿にお進みになる。

式部官長及び宮内庁長官が前行し、（侍従左右各一人が脂燭を執る）御前侍従が剣璽を捧持し、御後侍従が御菅蓋を捧持し、御綱を張り、侍従長、侍従が随従し、皇太子及び親王が供奉され、大礼副委員長一人が随従する。この時、掌典長が本殿南階の下に候し、
式部官左右各一人が脂燭を執って南階の下に立つ。

次に侍従が剣璽を奉じて南階を昇り、外陣の幌内に参進し、剣璽を案上に奉安し、西面の幌外に退下し、簀子に候する。

午後六時三十分、天皇が外陣の御座にお着きになり、侍従長及び掌典長が南階を昇り、簀子に候する。

この時、本殿南庭の小忌の幄舎に皇太子及び親王が着床され、宮内庁長官以下の前行、随従の諸員が着床する。

次に皇后が本殿南庭の帳殿にお進みになる。

式部副長及び侍従次長が前行し、(侍従左右各一人が脂燭を執る) 女官長及び女官が随従し、親王妃及び内親王が供奉され、大礼副委員長一人が随従する。

次に皇后が帳殿の御座にお着きになり、女官長及び女官が殿外に候する。

この時、殿外の小忌の幄舎に親王妃及び内親王が着床され、侍従次長以下の前行、随従の諸員が着床する。

次に大礼委員が楽師を率いて本殿南庭の所定の位置に着く。

次に式部官が楽師を率いて大礼委員の東方の所定の位置に着く。

次に国栖の古風を奏する。

次に悠紀地方の風俗歌を奏する。

次に皇后が御拝礼になる。

次に皇太子、親王、親王妃及び内親王が拝礼される。

次に諸員が拝礼する。

次に皇后が廻立殿にお帰りになる。

前行、随従及び供奉はお出ましのときと同じである。

次に本殿南庭の廻廊に神饌を行立する。

掌典補左右各一人が脂燭を執り、掌典一人が削木を執る。

掌典一人が海老鰭盥槽を執り、同一人が多志良加を執る。

陪膳の釆女一人が御刀子筥を執り、後取の釆女一人が御巾子筥を執る。

釆女一人が神食薦を執り、同一人が御食薦を執る。

釆女一人が御箸筥を執り、同一人が御枚手筥を執る。

釆女一人が御飯筥を執り、同一人が鮮物筥を執る。

釆女一人が干物筥を執り、同一人が御菓子筥を執る。

掌典一人が蚫汁漬を執り、同一人が海藻汁漬を執る。

掌典補二人が空盞を執り、同二人が御羹八足机を舁く。

掌典補二人が御酒八足机を舁き、同二人が御粥八足机を舁き、同二人が御直会八足机を舁く。

次に削木を執る掌典が本殿南階の下に立って警蹕をとなえる。

この時、神楽歌を奏する。

次に天皇が内陣の御座にお着きになり、侍従長及び掌典長が外陣の幌内に参入し、奉侍する。

次に御手水を供する(陪膳の采女が奉仕する)。

次に神饌を御親供になる。

次に御拝礼の上、御告文をお奏しになる。

次に御直会

次に神饌を撤下する(陪膳の采女が奉仕する)。

次に御手水を供する(陪膳の采女が奉仕する)。

次に神饌を膳舎に退下する。

その儀は、行立のときと同じである。

次に廻立殿にお帰りになる。

前行、供奉及び随従は、お出ましのときと同じである。

次に各員が退出する。

参列者の範囲は、次のとおりとする。

内閣総理大臣、元内閣総理大臣及び国務大臣並びに以上の者の配偶者
内閣法制局長官、内閣官房副長官、検査官、人事官、公正取引委員会委員長、検事総長、次長検事、検事長、政務次官及び事務次官
衆議院の議長、元議長、副議長、常任委員長、特別委員長及び政治倫理審査会長並びに以上の者の配偶者
衆議院の議員四十九人（特記した議員及び政務次官である議員を除く）及び事務総長
参議院の議長、元議長、副議長、常任委員長、特別委員長、調査会長及び政治倫理審査会長並びに以上の者の配偶者
参議院の議員二十一人（特記した議員及び政務次官である議員を除く）及び事務総長
国立国会図書館長
最高裁判所長官、元最高裁判所長官及び最高裁判所判事並びに以上の者の配偶者
高等裁判所長官及び最高裁判所事務総長
東京都、秋田県及び大分県の知事及び議会議長並びに以上の者の配偶者
都道府県の知事及び議会議長（特記した者を除く）
市及び町村の長及び議会議長の代表（各一人）

秋田県及び大分県の農業協同組合中央会会長及びその配偶者
秋田県及び大分県の斎田の大田主及びその配偶者
各界の代表
その他別に定める者

○

服　装

天皇：御祭服
皇后：白色帛御五衣・同御唐衣・同御裳
皇太子及び親王：束帯（帯剣）・小忌衣
親王妃及び内親王：五衣・唐衣・裳・小忌衣
宮内庁長官、侍従長、侍従次長、侍従、式部官長、式部副長、式部官、大礼副委員長、掌典長、掌典次長、掌典、掌典補、楽長及び楽師：束帯・小忌衣
女官長及び女官：五衣・唐衣・裳・小忌衣、袿袴・小忌衣
釆女：白色帛畫衣・唐衣・紅切袴・青摺襌
威儀の者及び衛門：束帯（帯剣）・小忌衣

参列の諸員
男子：モーニングコート、紋付羽織袴
女子：ローブモンタント、デイドレス、白襟紋付
外套着用可

主基殿供饌の儀の次第は、悠紀殿供饌の儀と同じである。（十一月二十三日午前零時三十分天皇主基殿外陣御着）

その次第の実際についての細目をつぎに掲げる。これによって、その大凡が察せられよう。

大嘗宮の儀　次第細目

日時　平成二年十一月二十二日（木）～二十三日（金）
悠紀殿供饌の儀　午後六時三十分
主基殿供饌の儀　午前〇時三十分

一五：三〇　係員が配置に着く。

一五：三〇　皇居儀仗が皇居正門、坂下門、乾門及び半蔵門並びに宮殿南車寄、北車寄及び中車寄の所定の位置に着く。

一五：二六～一七：五五　参列の諸員が宮殿春秋の間、豊明殿、松風の間及び連翠に参集する。

一六：三〇～一六：四〇　衛門二十人が南北（左右各三人）及び東西（左右各二人）の神門所定の位置に着く。

南御門から係員二名が誘導する。

一六：三五～一六：四五　火炬手が庭燎の位置に着く。（八カ所）

一六：五〇～一七：二〇　悠紀主基両殿の神座を奉安する。

掌典長が掌典次長、掌典及び掌典補を率いて奉仕する。

悠紀主基両殿の神座に繒服及び麁服を置く。

掌典長が奉仕する。

一七：二〇～　火炬手が各神門外の庭燎を焼く。

一七：三〇　　係員が膳屋の廊下にて掌典補より斎火の脂燭を受け、南面神門の中央線より左右に分かれて庭燎に火を点ずる。

一七：二五　　悠紀主基両殿に斎火の灯燎を点ずる。

掌典が掌典補を率いて奉仕する。

一七：一五～　大礼委員が幄舎に着床する。

一七：四九　参列の諸員が宮殿からバスで大嘗宮に移動し、左右幄舎に参入する。

係員が誘導する。

一八：〇五～　威儀の者左右各六人が南面の神門から参入し、所定の位置に着く。

一八：一〇　係員が誘導する。

悠紀殿供饌の儀

一七：三一　皇后が廻立殿にお入りになる。

一七：四八　天皇が廻立殿にお入りになる。

一八：〇六　皇太子、親王、親王妃及び内親王が大嘗宮皇族休所に参集される。

一八：一二～　掌典が掌典補二名、楽師十一名及び釆女三名を率いて悠紀膳屋の稲舂舎に参一八：一七　入する。

掌典及び掌典補は東方、楽師は南方及び西方に、釆女は西方に列立する。

一八：一三　掌典補が玄米を臼に入れ、傍らに退く。

一八：一五〜一八：一七　楽師が稲春歌を奏し、釆女が稲春の儀を行う。

一八：二〇　掌典、掌典補、楽師及び釆女が退出する。

一八：二〇〜一八：二一　掌典一名が掌典補四名を率いて悠紀庭積の帳殿に参入し、机代物を置く。

一八：二三〜一八：二五　掌典長が悠紀殿に参入し、祝詞を奏する。

（式部官が起立及び着床の合図をする）

一八：二五　大礼委員が「国栖の古風」演奏の楽師を率い、式部官が「悠紀地方の風俗歌」演奏の楽師を率いて南御門外に参集する。

一八：二五　脂燭の式部官二人が所定の位置に着く。

式部官は祝詞終了前に膳屋の庭燎脇で脂燭に火を点じ、祝詞が終ると共に合図により本位に着く。掌典補が合図する。

一八：一三　皇太子、親王、親王妃及び内親王が廻立殿東雨儀廊下に列立する。

一八：二八　天皇が廻立殿を御出発になる。

式部官長及び宮内庁長官が前行し、（侍従左右各一人が脂燭を執る）御前侍従が剣璽を捧持し、侍従一人が御裾に候する。御後侍従が御菅蓋を捧持し、侍従二人が御綱を張り、侍従長、侍従が随従し、皇太子及び親王が供奉され、大礼副委員長が随従する。進御に随って侍従二人が剣璽の御前で葉薦を敷き、侍従二人が御後に在って葉薦を巻く。

（前行の式部官長、宮内庁長官、脂燭及び御筵道の侍従は廻立殿南階の廊下で列立し、剣璽及び御裾の侍従は廻立殿から随従する）

式部官二人が脂燭を執って悠紀殿南階左右に立ち、掌典長及び掌典次長は南階の下に候して、掌典二人が外陣に参入して南御幔の下に候する。

一八：三四　皇后が廻立殿を御出発になる。

式部副長及び侍従次長が前行し、（侍従左右各一人が脂燭を執る）女官長及び女官が随従し、親王妃及び内親王が供奉され、大礼副委員長が随従する。

一八：三五　天皇が悠紀殿南階前にお着きになる。

剣璽捧持の侍従が南階を昇り、外陣に参入し剣璽を案上に奉安して西の簀子に候する。

（御筵道及び御菅蓋の侍従は、南階の下まで随従した後、小忌の幄舎に入り、脂燭の侍従は脂燭を膳屋前の廊下で掌典補に渡して小忌の幄舎に入る）

（式部官が起立の合図をする）

一八：三八　天皇が悠紀殿の外陣の御座にお着きになる。

御裾の侍従は西の簀子に退き、侍従長、掌典長及び掌典次長は南の簀子に候する。

一八：三九　皇后が帳殿にお着きになる。

女官長が殿外の簀子に候する。

一八：三七　皇太子及び親王が帳殿前の廊下を直行して、本殿南庭の小忌の幄舎に着床され、供奉諸員が着床する。

一八：四〇　親王妃及び内親王が殿外の小忌の幄舎に着床され、供奉諸員が着床する。

（式部官が着床の合図をする）

（脂燭の侍従は脂燭を帳殿の廊下にて掌典補に渡し、殿外の小忌の幄舎に入る）

一八：三〇～一八：三三　大礼委員が「国栖の古風」演奏の楽師七人を率い、式部官が「悠紀地方の風俗歌」演奏の楽師十一人を率いて柴垣内に参進し、奏楽舎内の所定の位置に付く。

一八：四三～一八：四六　楽師が「国栖の古風」を奏する。

一八：四六～一八：五一　楽師が「悠紀地方の風俗歌」を奏する。

一八：五五　皇后が御拝礼になる。

女官長が帳殿に入って御拝礼のことを申し上げる。

一八：五六　皇太子、親王、親王妃及び内親王が拝礼される。

一八：五六　参列の諸員が拝礼する。

（式部官が合図する）

（脂燭は、一斉拝礼後に掌典補甲が膳舎前廊下で掌典補乙から受け取り、御列内の侍従に渡す）

一八：五七～一九：〇〇　皇后が帳殿を御退出になる。

女官長及び御裾の女官が帳殿内に入る。

前行、供奉及び随従はお出ましのときと同じである。

（式部官が起立及び着床の合図をする）

一九：〇一　大礼委員及び式部官が楽師を率いて奏楽舎を退出する。

一九：〇四　膳屋から南庭の回廊に神饌を行立する。

掌典補左右各一人が脂燭を執り、掌典一人が削木を執る。掌典一人が海老鰭盥槽を執り、同一人が多志良加を執る。陪膳釆女一人が御刀子筥を執り、後取采女一人が御巾子筥を執る。采女一人が神食薦を執り、同一人が御食薦を執る。采女一人が御箸筥を執り、同一人が御枚手筥を執る。采女一人が御飯筥を執り、同一人が鮮物筥を執る。采女一人が干物筥を執り、同一人が御菓子筥を執る。掌典一人が蚫汁漬を執り、同一人が海藻汁漬を執る。掌典補二人が空盞を執り、同二人が御羹八足机を舁く。掌典補二人が御酒八足机を舁き、同二人が御粥八足机を舁き、同二人が御直会八足机を舁く。

一九：〇六　削木の掌典が悠紀殿南階の下に進んで警蹕を称え、悠紀殿西側所定の位置に着く。脂燭の掌典補は南階下東西に候する。

一九：〇六　楽師が神楽歌を奏する。

一九：〇六　天皇が内陣の御座にお着きになる。

掌典長及び掌典次長が外陣に参入して内陣の御幔外左右に候し、侍従長は外陣に参入して東方に候する。

（参列の諸員が起立する）

（式部官が合図する）

海老鰭盥槽の掌典以下が順次削木の掌典以下の位置に列立する。

陪膳采女及び後取采女が外陣に参入する。

海老鰭盥槽の掌典が簀子に進み、後取采女に伝え、所定の位置に復する。

陪膳采女及び後取采女が御刀子筥、御巾子筥と共に海老鰭盥槽を奉じて内陣に参入する。

多志良加の掌典が簀子に進み、多志良加を後取采女に伝え、後取采女は陪膳采女に伝える。

陪膳采女が内陣に参入して御手水を供する。

掌典が簀子に進み、陪膳、後取の采女から多志良加及び海老鰭盥槽を受けて所定の位置に復する。

神食薦以下の采女八人が外陣に参入する。

蚫汁漬を執る掌典以下が簀子に進み、これを外陣の采女に伝える。

采女は神饌を後取采女に伝え、同采女はこれを陪膳采女に伝える。

天皇が神饌を御親供になる。

二〇：三九〜　天皇が御拝礼になり、御告文をお奏しになる。

二〇：四三　（参列の諸員が起立する）

（式部官が合図する）

御直会の儀がある。

二〇：五六　神饌を撤する。

陪膳采女が神饌を撤下し、後取采女に伝える。采女がこれを受取り、簀子に候する掌典及び掌典補に伝え、掌典及び掌典補は元の位置に復する。采女は外陣より退き、元の位置に復する。

海老鰭盥槽、多志良加の掌典が簀子に進み、これを後取采女に伝えて所定の位置に復する。

陪膳采女がこれを受け取り、内陣に参入して御手水を供する。

掌典が簀子に進み、後取采女から多志良加、海老鰭盥槽を受け取って所定の位置に復する。

後取采女及び陪膳采女が御刀子筥及び御巾子筥を捧持して、外陣から殿外所定の位置に着く。

神饌行立の掌典、掌典補、陪膳采女、後取采女及び采女が膳舎に退出する。

二一：二三～ 天皇が悠紀殿を御退出になる。

前行、供奉及び随従はお出ましのときと同じである。

二一：二九 （参列の諸員が起立する）

（式部官が合図をする）

二一：二三 楽師が神楽歌を止める。

二一：三〇 脂燭の式部官が退出する。

二一：三〇～ 参列の諸員が幄舎から退出し、バスで宮殿に移動する。

二二：三五

二二：三〇 威儀の者が退出する。

係員が合図する。

〇：〇五～ 威儀の者左右各六人が南面の神門から参入し、所定の位置に着く。

〇：一〇

二三：三〇～ 参列の諸員が宮殿からバスで大嘗宮に移動し、左右幄舎に参入する。

〇：〇〇　　係員が誘導する。

主基殿供饌の儀

二三：三〇　皇后が廻立殿にお入りになる。
二三：四九　天皇が廻立殿にお入りになる。
〇：〇九　皇太子、親王、親王妃及び内親王が大嘗宮皇族休所に参集される。
〇：〇三～　掌典一名が掌典補二名、楽師十一名及び采女三名を率いて主基膳屋の稲舂舎
　〇：一二　に参入する。
　　掌典及び掌典補は西方、楽師は東方及び南方に、采女は東方に列立する。
〇：〇四　掌典補が玄米を臼に入れ、傍らに退く。
〇：〇六～　楽師が稲舂歌を奏し、采女が稲舂の儀を行う。
　〇：一五
〇：一七　掌典、掌典補、楽師及び采女が退出する。
〇：一七～　掌典一名が掌典補四名を率いて主基庭積の帳殿に参入し、机代物を置く。

〇：一九　掌典長が主基殿に参入し、祝詞を奏する。

〇：二〇～　（式部官が起立及び着床の合図をする）

〇：二二

〇：二五　大礼委員が「国栖の古風」演奏の楽師を率い、式部官が「主基地方の風俗歌」演奏の楽師を率いて南面神門外に参集する。

〇：二五　脂燭の式部官が所定の位置に着く。

式部官は祝詞終了前に膳屋の庭燎脇で脂燭に火を点じ、祝詞が終ると共に合図により本位に着く。

〇：二三　皇太子、親王、親王妃及び内親王が廻立殿東雨儀廊下に列立する。

〇：二五　天皇が廻立殿を御出発になる。

式部官長及び宮内庁長官が前行し、（侍従左右各一人が脂燭を執る）御前侍従が剣璽を捧持し、侍従一人が御裾に候する。御後侍従が御菅蓋を捧持し、侍従二人が御綱を張り、侍従長、侍従が随従し、皇太子及び親王が供奉され、大礼副委員長が随従する。進御に随って侍従二人が剣璽の御前で葉薦を敷き、侍従二人が御後に在って葉薦を巻く。

（前行の式部官長、宮内庁長官、脂燭及び御筵道の侍従は廻立殿南階の廊下で列立し、剣璽及び御裾の侍従は廻立殿から随従する）

式部官二人が脂燭を執って主基殿南階左右に立ち、掌典長及び掌典次長は南階の下に候して、掌典二人が外陣に参入して南御幔の下に候する。

○：三一　皇后が廻立殿を御出発になる。

式部副長及び侍従次長が前行し、（侍従左右各一人が脂燭を執る）女官長及び女官が随従し、親王妃及び内親王が供奉され、大礼副委員長が随従する。

○：三〇　天皇が主基殿南階前にお着きになる。

剣璽捧持の侍従が南階を昇り、外陣に参入し剣璽を案上に奉安して西の簀子に候する。

（御筵道及び御菅蓋の侍従は、南階の下まで随従した後小忌の幄舎に入

り、脂燭の侍従は脂燭を膳屋前の廊下で掌典補に渡して小忌の幄舎に入る）

（式部官が起立の合図をする）

○：三〇　天皇が主基殿の外陣の御座にお着きになる。

御裾の侍従は西の簀子に退き、侍従長、掌典長及び掌典次長は南の簀子に候する。

○：三三　皇后が帳殿にお着きになる。

女官長が殿外の簀子に候する。

○：三一　皇太子及び親王が帳殿前の廊下を直行して、本殿南庭の小忌の幄舎に着床され、供奉諸員が着床する。

○：三五　親王妃及び内親王が殿外の小忌の幄舎に着床され、供奉諸員が着床する。

（式部官が着床の合図をする）

（脂燭の侍従は脂燭を帳殿の廊下にて掌典補に渡し、殿外の小忌の幄舎に入る）

○：三五～　大礼委員が「国栖の古風」演奏の楽師七人を率い、式部官が「主基地方の風
○：三八　俗歌」演奏の楽師十一人を率いて柴垣内に参進し、奏楽舎内の所定の位置
　　　　　に付く。
○：三八～　楽師が「国栖の古風」を奏する。
○：四二
○：四二～　楽師が「主基地方の風俗歌」を奏する。
○：四七
○：四八　皇后が御拝礼になる。
　　　　　女官長が帳殿に入って御拝礼のことを申し上げる。
○：四八　皇太子、親王、親王妃及び内親王が拝礼される。
○：四八　参列の諸員が拝礼する。
　　　　　（式部官が合図する）
　　　　（脂燭は、一斉拝礼後に掌典補甲が膳舎前廊下で掌典補乙から受け取り、
　　　　　御列内の侍従に渡す）

〇：五一〜　皇后が帳殿を御退出になる。

〇：五六　女官長及び御裾女官が帳殿内に入る。

前行、供奉及び随従はお出ましのときと同じである。

（式部官が起立及び着床の合図をする）

〇：五八　大礼委員及び式部官が楽師を率いて奏楽舎を退出する。

一：〇二　膳屋から南庭の回廊に神饌を行立する。

掌典補左右各一人が脂燭を執り、掌典一人が削木を執る。掌典一人が海老鰭盥槽を執り、同一人が多志良加を執る。陪膳采女一人が御刀子筥を執り、後取采女一人が御巾子筥を執る。采女一人が神食薦を執り、同一人が御食薦を執る。采女一人が御箸筥を執り、同一人が御枚手筥を執る。采女一人が御飯筥を執り、同一人が鮮物筥を執る。采女一人が干物筥を執り、同一人が御菓子筥を執る。掌典一人が蚫汁漬を執り、同一人が海藻汁漬を執る。掌典補二人が空盞を執り、同二人が御羹八足机を舁く。掌典補二人が御酒八足机を舁き、同二人が御粥八足机を舁き、同二人が御直会八足机を舁く。

一・〇四　削木の掌典が主基殿南階の下に進んで警蹕を称え、主基殿西側所定の位置に着く。脂燭の掌典補は南階下東西に候する。

一・〇四　楽師が神楽歌を奏する。

一・〇四　天皇が内陣の御座にお着きになる。

掌典長及び掌典次長が外陣に参入して内陣の御幔外左右に候し、侍従長は外陣に参入して東方に候する。

（参列の諸員が起立する）

（式部官が合図する）

海老鰭盥槽の掌典以下が順次削木の掌典以下の位置に列立する。

陪膳采女及び後取采女が外陣に参入する。

海老鰭盥槽の掌典が簀子に進み、後取采女に伝え、所定の位置に復する。

陪膳采女及び後取采女が御刀子筥、御巾子筥と共に海老鰭盥槽を奉じて内陣に参入する。

多志良加の掌典が簀子に進み、多志良加を後取采女に伝え、後取采女は陪膳采女に伝える。

陪膳采女が内陣に参入して御手水を供する。
掌典が簀子に進み、陪膳、後取の采女から多志良加及び海老鰭盥槽を受けて
所定の位置に復する。
神食薦以下の采女八人が外陣に参入する。
蚫汁漬を執る掌典以下が簀子に進み、これを外陣の采女に伝える。
采女は神饌を後取采女に伝え、同采女はこれを陪膳采女に伝える。
天皇が神饌を御親供になる。

二：四〇～ 天皇が御拝礼になり、御告文をお奏しになる。
二：四四 （参列の諸員が起立する）
（式部官が合図する）

御直会の儀がある。

三：〇六～ 神饌を撤する。
三：二四 陪膳采女が神饌及び御饌を撤下し、後取采女に伝える。

釆女がこれを受取り、簀子に候する掌典及び掌典補に伝え、掌典及び掌典補は元の位置に復する。

釆女は外陣より退き、元の位置に復する。

海老鰭盥槽、多志良加の掌典が簀子に進み、これを後取釆女に伝えて所定の位置に復する。

陪膳釆女がこれを受け取り、内陣に参入して御手水を供する。

掌典が簀子に進み、後取釆女から多志良加、海老鰭盥槽を受け取って所定の位置に復する。

後取釆女及び陪膳釆女が御刀子筥及び御巾子筥を捧持して、外陣から殿外所定の位置に着く。

神饌行立の掌典、掌典補、陪膳釆女、後取釆女及び釆女が膳舎に退出する。


三・二五〜三・三一　天皇が主基殿を御退出になる。

前行、供奉及び随従はお出ましのときと同じである。

（参列の諸員が起立する）

（式部官が合図をする）

三：三二　楽師が神楽歌を止める。
三：三二　脂燭の式部官が退出する。
三：三四〜　参列の諸員が幄舎から退出し、バスで宮殿に移動する。
三：三四　威儀の者が退出する。
係員が合図する。
衛門が退出する。
係員が退出する。
参列の諸員が宮殿を退出する。

この「次第細目」で、平成の大嘗祭が、前例に正しくならったこと、すなわち、それはまた古例をよく継承されて斎行されたことを察することができるであろう。

さらに、その部分部分について以下説明を補しておく。

(2) 神座奉安

大嘗宮の南北東西の神門所定の位置に、衛門が着き、八ヶ所の庭燎《ていりょう》の位置に、火炬手《ひたきて》がついたあと、神座奉安《しんざほうあん》のことが行われた。掌典長が掌典次長、掌典四名、掌典補三名を率いて参進、まず悠紀殿、つぎに主基殿の順に神座を奉安するのであるが、それぞれの外陣《げじん》に参入、さらに進んで内陣《ないじん》に参入し、所定の場に古来の法を守り奉安させて頂く。それより前、午前中に掌典一名が掌典補を率い、神座の敷設に当る。すなわち神座奉安の準備であり、壁面より寸尺を計り、所定の場に正確に八重畳《やえだたみ》を重ね敷き、それの終った通知をうけて、掌典長が掌典を率い、その検知《けんち》をしておいた。それで、神座奉安で、その八重畳の上に御衾《おんふすま》をおかけし、御単《おんひとえ》を奉安し、御櫛、御檜扇《おんひおうぎ》をお入れした打払筥《うちはらいばこ》を安《お》き、御裾の方に御沓《くつ》をお入れした御沓筥を安かせて頂く。それの終ったところで、掌典長はその神座御下手左右に、繒服《にぎたえ》、麁服《あらたえ》をそれぞれ細籠《ほそめかご》に入れ、さらに案にのせて献ずる。この繒服、麁服は前例により、午前中の神座敷設の際、壁面まで運び置き、神座奉安のあと、そこより掌典長が所定の位置に進めて献じた。

この神座奉安により、神が降臨されたこととなる。この神座《しんざ》は寝座《しんざ》とも記されて来たが、あくまでも神の座であり、これを天孫降臨神話の真床覆衾と結びつけ、天皇がここに籠られるなどとの荒唐無稽も甚しい論を昭和大礼のあとなした者が、㈠はじめに、で記した如く出たが、論外であろう。祭儀中、古来神座は正に神の坐す座として、天皇も畏みつつしみ対されて来たところである。

(3) 繒服・麁服

繒服《にぎたえ》とは、神座に供えられる絹服、麁服《あらたえ》とは同じく麻服のこと、「登極令」附式「大嘗宮ノ儀」のなかでも、悠紀、主基両殿の神座奉安について記したつぎに、

次ニ繒服並麁服案上ニ載スヲ各殿ノ神座ニ安ク掌典長奉仕

と記している。この繒服は、古来三河国、麁服は阿波国の忌部の織り製することとされ、この度もその通りとされた。

三河国、すなわち現在の愛知県下のその地方で、いまも絹糸を産し、絹布を製せられており、なかで北設楽《したら》郡稲武《いなぶ》町では、大正大礼時の調進記録、またそれ以前の記録も残されていて、今回もその稲武町献糸会会長古橋茂人氏以下が、早くより依頼があればと慎重に謹製準備をされていた。

一方、麻であるが、現在麻の栽培を許可し、実際に生産させている都道府県は殆んどない状況であり、阿波国徳島県も、平成時に、それを生産していなかった。しかし、同県美馬《みま》郡木屋平《こやだいら》村、麻植《おえ》郡山川町方面には、忌部氏の子孫が古来調進の記録、伝承をよく残していて、今回は、とくに群馬県から現在も実際にその地で良質の麻を栽培している人々を招き、父祖伝来の畑に、

種子を植えつけ、謹製したのであった。

また、それを悠紀、主基両殿の神座に安《お》くに、『延喜式』巻七に「納以二細籠一、置二於案上一」（納むるに細籠を以てし、案上に置け）とあるが、その細籠、細目籠の謹製も大分県下で慎重になされた。

その繒服は白生絹《しろすずし》四疋、稲武町献糸会の製作であり、麁服は麻晒布《あささらしぬの》四反、木屋平村、山川町麁服貢進協議会の製作である。

このほか、調度類古来の例により調製、厳重な警戒のもと、護送納入されたのであった。

この納入は、およそ神嘉殿前庭で行われたが、その納入には、掌典職では当然ながら不浄をはらい厳粛に当らせて頂いた。

(4)　廻立殿

天皇はまず頓宮《とんぐう》に入られ、そこよりこのために設けられた廊下を通られ、廻立殿《かいりゅうでん》に入られる。

廻立殿のことは、既に『延喜式』にもその名がみられるが、近例以降廻立殿は天皇の御祭服を召される中央の部屋、御潔斎のため小忌御湯《おみのおゆ》を供する西側の部屋、皇后が白色帛御五衣《はくしょくはくのおんいつつぎぬ》、同御《おん》唐衣《からぎぬ》、同御裳《おんも》を召される東側の部屋を設け構築されている。天皇は、その中央の御部屋に北側より入られ、あと西側の小忌御湯を供される御部屋に御潔斎のため入られ、あと中央の御部屋で侍従の奉仕で御祭服を召される。この御祭服は最も清浄なる御服、純白生織《すずし》の絹地で奉製されているが、御冠は幘《さく》の御冠《おかんむり》、すなわち白平絹で巾子《こじ》に纓《えい》を結びつけられたものを用いられる。御石《おんせき》帯《たい》、御下襲《おんしたがさね》の裾《きよ》も用いられての束帯《そくたい》である。

皇后は、北側、天皇とは別の階を登られ、東側の御部屋に入られ、女官の奉仕で御服を召される。その御服は前述の如く白色帛御五衣、同御唐衣、同御裳であり、すべて白色である。

(5) 稲舂・稲舂歌

天皇、皇后が廻立殿に入られた頃、膳屋《かしわや》で稲舂歌《いなつきうた》の奏されるなかで、采女《うねめ》により稲舂《いなつき》がなされる。その臼の形状、杵は別図（219頁）の如くであり、膳屋での配置も図（220頁）の如くである。

この時、掌典は束帯、小忌衣《おみごろも》をつけ、采女は髪に心葉《こころは》、日蔭糸《ひかげのいと》をつけ、白の内衣に、紅《くれないの》切袴《きりばかま》、帛衣《はくぎぬ》に彩色の雲形松《うんぎょうまつ》を画《えが》いた衣をうちかけ、上に藍色の波形を画いた唐衣《からぎぬ》風の短いものをつけ、その上に白布に青色で蝶鳥模様を摺った襅《ちはや》をつけている。楽師、掌典補も束帯に小忌衣をつけている。

この稲舂は、ここで、この刻になされることより知られる如く、一つの儀礼であり、実際の稲

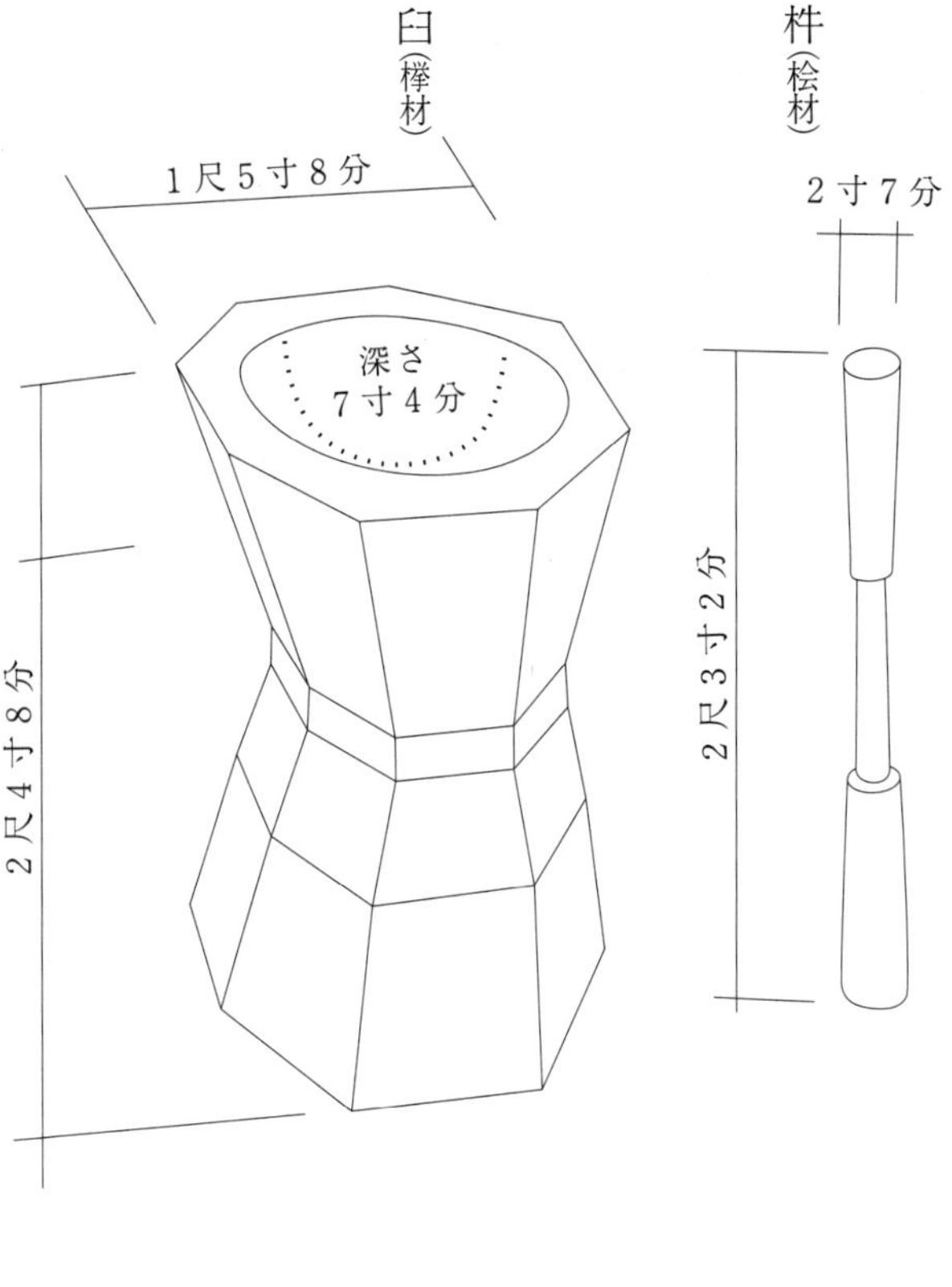
臼(欅材)
1尺5寸8分
深さ
7寸4分
2尺4寸8分
杵(桧材)
2寸7分
2尺3寸2分

稲春膳屋内配置図

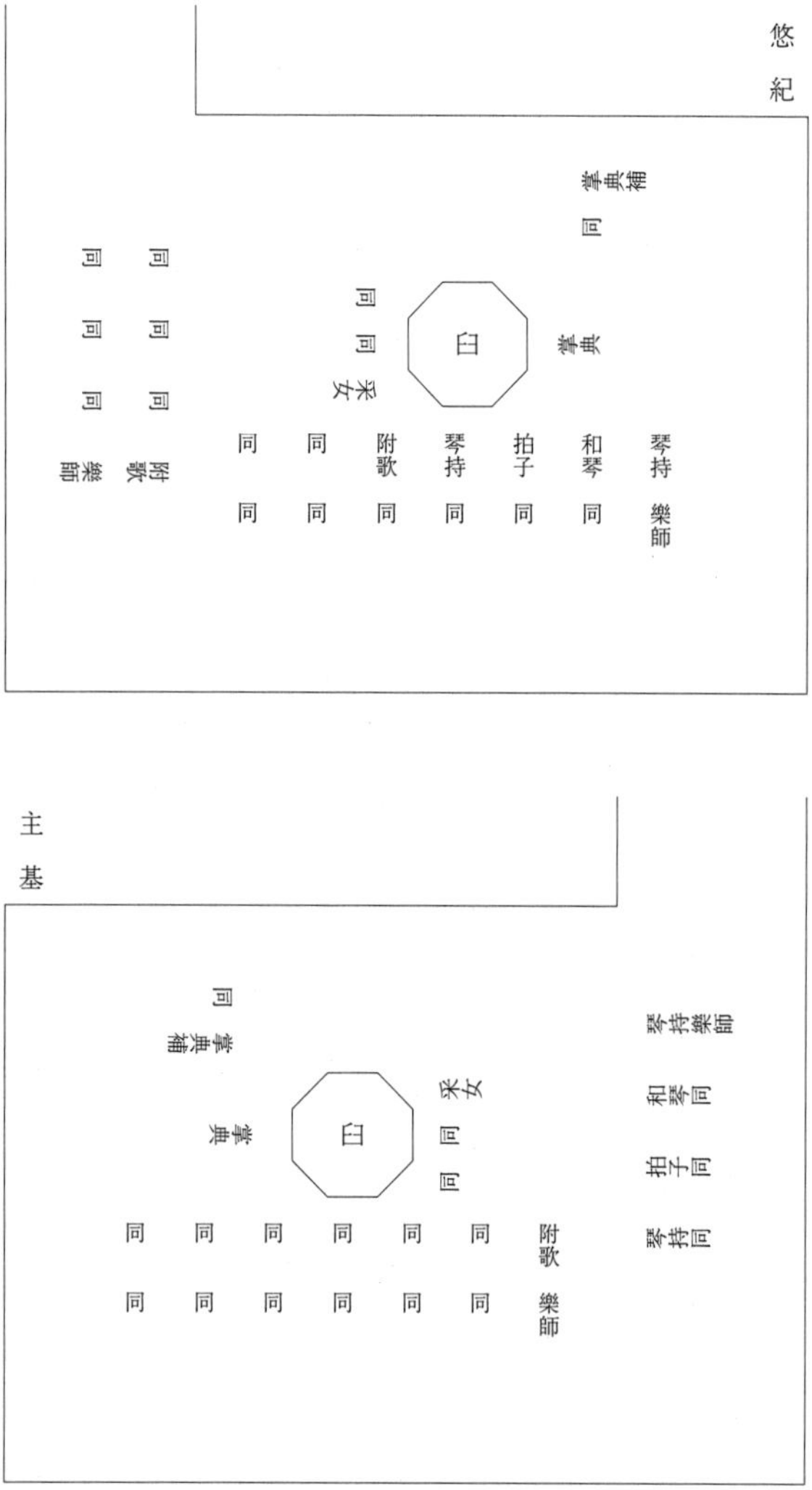
悠紀
掌典補
同
掌典
臼
采女
同
同
琴持 樂師
和琴 同
拍子 同
琴持 同
附歌 同
同 同
同 同
附歌
樂師
主基
掌典補
同
掌典
臼
采女
同
同
琴持樂師
和琴同
拍子同
琴持同
附歌 樂師
同 同

春は既になされていることはいうまでもない。

稲春歌は、大嘗祭ごとに新しく詠まれて来た例により、今回も悠紀の地方については歌人窪田章一郎氏が、斎田の所在地五城目の地名を入れて詠み、主基の地方については歌人香川進氏が、同じくその斎田の所在地玖珠の地名を入れて詠み、それに宮内庁式部職楽部で、それぞれの地の俚謡を参考にし作曲したものである。

稲春歌

(1)悠紀の地方

①地名　五城目《ごじょうめ》

②歌詞

五城目の　御田にみのりし　うまし稲　つく杵《きね》の音　今宵すがしき

(2)主基の地方

①地名　玖珠《くす》

②歌詞

こがねなす　垂穂《たりほ》をたばね　玖珠《くす》の人《ひと》　むつみあひつつ　稲や春《つ》くらむ

(6) 庭積机代物

庭積《にわづみ》の机代物《つくえしろもの》

これは、大嘗祭において、各都道府県の特産の農水産物等を数点あて、悠紀・主基両殿それぞれの南庭の帳舎の机上に供進されることから、このように名称されるものである。

このようにして供えられることは、明治四年の大嘗祭より始められた。その明治度には、鳥、魚、介、海菜、野菜、果物等が供された。大正大礼時には、それをひろげて、台湾、樺太、朝鮮、道、府、県より、既に明治二十五年以降なされていた新嘗祭の例に準じて、代表一人につき新精米一升、新精粟五合の供納を聴許され、また各地に特有の蔬果魚介の類を購入してこれにあてられた。

昭和大礼時も、その大正大礼時にならい、各所轄庁に献納者を選定させ、願出させて、米、粟を献納させ、また各地方の最も優秀な特産を選定し、大礼使で購入し供進した。

今回も、その昭和大礼の例をよく伝承されていてか、早くより各都道府県より、また個人より、連日多くの問合せが宮内庁にあったが、宮内庁は各都道府県知事に対し、精米及び精粟について、毎年の新嘗祭における献穀の方法に準じ、農業団体を斡旋者として、供納を希望する篤農家から精米一・五キログラム、及び精粟〇・七五キログラムの供納をうける旨、通知し、その斡旋を依頼し、またその地方の特産である農林水産物五品以内について、その供納を希望する団体ごとに区分の上、推薦を依頼した。なおその団体は農業団体、林業団体または水産団体とし、その特産品は食用に供されるものとことわったが、十一月中旬にこれらは納入された。立派なそれら特産品は、すべて前例どおり購入され、大嘗祭悠紀殿供饌の儀で八机、一机宛三方四台宛計三方三十二台、主基殿供饌の儀でも同数が机上に供進された。なお、これらは購入されたものであり、撤下後如何されるべきか、案ずることもされたが、供進された机代物であり、すべて埋納した。

その品物は次の如くである。

庭積の机代物　都道府県別品目

1　悠紀地方

都道府県名	品目名			
1　北海道	昆布	干汐鮭	菜豆（大正金時）	馬鈴しょ（男爵）	百合根
2　青森	ながいも	ごぼう	りんご	鮭燻製	ほたて干貝柱
3　岩手	りんご	ながいも	干しいたけ	干わかめ	新巻鮭

都道府県名	品目名				
4 宮城	大豆	白菜	もろきゅうり	りんご	干鮑
5 秋田	小豆	きゃべつ	大豆	すぎひらたけ	塩鮭
6 山形	大豆	りんご	ぜんまい	栗	するめ
7 福島	りんご	梨	青海苔	干マガレイ	干ぜんまい
8 茨城	白菜	蓮根	干しいたけ	しらすたたみ干	わかさぎ煮干
9 栃木	かんぴょう	いちご	しいたけ	梨	大豆
10 群馬	こんにゃくいも	りんご	干しいたけ		
11 埼玉	小麦	やまといも	さといも	茶	
12 千葉	落花生	かんしょ	しいたけ	海苔	鰹節
13 東京	きゃべつ	だいこん	うど	しいたけ	てんぐさ
14 神奈川	茶	落花生	だいこん	キウイフルーツ	干海苔
15 新潟	さといも	梨（新興）	鮭（村上塩引）		
16 山梨	ブドウ	柿	トマト	コケモモ	ヤマメの燻製
17 長野	りんご（ふじ）	ながいも	わさび	寒天（紅白）	干しいたけ
18 静岡	茶	みかん	わさび	しいたけ	鰹節

2 主基地方

都道府県名	品目名				
1 富山	大豆	さといも	りんご	干えび（白えび）	いなだ（干ぶり）

2	石川	かんしょ（五郎島金時）	つくねいも（加賀丸いも）	小豆（能登大納言）	やまいも	干いなだ
3	福井	柿	まいたけ	若狭がれい		
4	岐阜	富有柿	干鮎	干しいたけ		
5	愛知	蓮根	ふき	梨	柿	海苔
6	三重	茶	柿（蓮台寺柿）	のしあわび	鰹節	干しいたけ
7	滋賀	茶	柿	小麦	干鮠（もろこ）	
8	京都	えびいも	栗	茶	するめ	
9	大阪	栗	みかん	えびいも（さといも）	干しいたけ	ちりめんじゃこ
10	兵庫	丹波黒大豆	丹波栗	兵庫海苔	干鯛	
11	奈良	柿（富有）	やまといも	緑茶	吉野葛	
12	和歌山	味一みかん	柿	干鯖		
13	鳥取	ながいも	二十世紀梨	干しいたけ	丸干いわし	するめ
14	島根	西条柿	わさび	干しいたけ	板わかめ	岩海苔
15	岡山	中国梨・鴨梨（ヤーリー）	やまのいも（つくねいも）	大豆（黒大豆）	干えび	干たこ
16	広島	みかん	さやえんどう	干鰈（でびら）		
17	山口	温州みかん	岸根栗	するめ	干えび	煮干いわし
18	徳島	すだち	干しいたけ	わかめ		
19	香川	はだか麦	富有柿	オリーブ	干しいたけ	干えび
20	愛媛	はだか麦	栗	みかん	干しいたけ	干鯛

21	高知	干しいたけ	鰹節	ゆず	文旦	
22	福岡	柿	なす	干しいたけ	干鯛	干海苔
23	佐賀	サガマンダリン	柿	蓮根	海苔	
24	長崎	干しいたけ	みかん	するめ	煮干	長ひじき
25	熊本	スイカ	アールスメロン	茶	温州みかん	干しいたけ
26	大分	ごぼう	秋冬だいこん	落花生	わさび	栗
27	宮崎	干しいたけ	茶	キンカン	カボチャ	鰹節
28	鹿児島	茶	文旦	さつまいも	早堀りたけのこ	鰹節
29	沖縄	パイン	茶	クロアワビタケ	乾燥ヒジキ	

庭積の机代物（精米・精粟）

一　精米

四十七都道府県

各一・五キログラム

二　精粟

三十五都府県
（北海道、福島県、千葉県、石川県、岐阜県、愛知県、大阪府、和歌山県、高知県、佐賀県、長崎県、沖縄県を除く）
各〇・七五キログラム

⑺　掌典長祝詞奏上

掌典長は悠紀殿に進み、外陣《げじん》より内陣《ないじん》への境の御幌際《おとばりぎわ》まで進み坐し、祝詞《のりと》を奏上、終って南階下に候する。

その南階両側に脂燭《ししょく》をもつ式部官が候する。脂燭とは、松明《たいまつ》の類であるが、茅《かや》を約二十本ほど束ねて直径十糎ほどにした長さ約一米のもので、それをさらに木臘で固めて製する。それに浄火をつけ、明りをとるのである。

⑻　悠紀殿供饌の儀

出　御

前掲次第の通り、廻立殿より悠紀殿に出御《しゅつぎょ》になる。

その御通路、板張りの上に布単《ふたん》を敷き、さらに葉薦《はごま》を重ね敷いているが、天皇がお通りになるとき、前方に二人の御筵道《ごえんどう》侍従が、あらかじめ御通路傍《わ》きの適宜の場に巻いて準備した御筵道（真薦《まこも》）を敷き、お通りのあと、あとの二人の御筵道侍従がそれを巻き上げ奉仕した。あと、後掲のお列の通りである。

なお、悠紀殿へ出御の場合は廻立殿南階を下りたたれ、廊下を南へ進御、東西に別れるところより、西すなわち主基殿側に進まれて、その廊下の西端より、南へまがられ、中央の東西にのびる廊下で東へ進み、その中央の鳥居をおくぐりになりあと、悠紀殿へと廊下の通りにお進みになる例である。供奉の皇族方は、廻立殿東側の廊下より、続いて進まれる。主基殿へ出御の場合は、それと逆の御道筋となる。

お列

式部官長　宮内庁長官

侍従（脂燭）　侍従（御筵道）　侍従（璽）
侍従（脂燭）　侍従（御筵道）　侍従（剣）

天　皇
侍従（御裾）
侍従（御筵道）　侍従（御筵道）
侍従（御菅蓋）

侍従（御綱）　侍従（御綱）
侍従長
侍従
皇太子
親王
大礼副委員長

式部副長
侍従次長
侍従（脂燭）　侍従（脂燭）
皇　后
女官（御裾）　女官（御裾）
女官長

親王妃
内親王
大礼副委員長

天皇は悠紀殿南階を上り、一旦外陣《げじん》の座に着御になる。その上座《かみざ》の案上《あんじょう》に剣璽が奉安される。供奉《ぐぶ》の皇太子、親王、諸員が小忌《おみの》幄舎《あくしゃ》に着床になる。

続いて皇后が進まれ、帳殿《ちょうでん》に入られ御着座、供奉の親王妃、内親王、諸員が殿外《でんがい》小忌《おみの》幄舎《あくしゃ》に着床になる。

(9)　国栖の古風

国栖《くず》の　古風《いにしえぶり》
　檀《かし》の生《ふ》に　横臼《よくす》を作り
　横臼《よくす》に　醸《か》める大御酒《おほみき》
　甘《うま》らに　聞《き》こし以《も》ち飲《を》せ　まろが父《ち》

これは『日本書紀』応神天皇十九年冬十月一日の条に、天皇が吉野宮（離宮）に行幸された時、その吉野川上にいた国樔《くず》人らが御前に来り、醴酒《こさけ》を献上して歌ったと記される歌であり、古くより諸節会《せちえ》、大嘗祭で奏されて来たところである。この歌が、今回も奏された。

(10)　風俗歌

ここで奏される風俗歌《ふぞくうた》について、悠紀の地方秋田は歌人窪田章一郎氏が、主基の地方大分は歌人香川進氏が、それぞれの地方の地名を入れて詠み、それに作曲することは、大正大礼よりの例により、宮内庁式部職楽部で、それぞれの地方の俚謡音曲を考慮して、作曲したものである。

風俗歌
⑴悠紀の地方
①地名　太平山《たいへいざん》
②歌詞
秋の田の　みのりゆたけし　あらた代を
迎へて仰ぐ　太平の山
⑵主基の地方
①地名　別府
②歌詞
いきほひの　とどまらずして　土よりぞ
別府はいで湯　わきたちにけり

⑾　皇后御拝礼

楽師が、国栖《くず》の古風《いにしえぶり》、続いて悠紀地方の風俗歌《ふぞくうた》を奏し終ったあと、帳殿《ちょうでん》の簀子《すのこ》に候した女官長が帳殿に入り、御後より御拝礼の御刻なる意を申し上げる。それをお聞きになり、皇后陛下が、その場で御拝礼になられた。

皇太子・親王・親王妃及び内親王拝礼、諸員拝礼

続いて、式部官の合図により、皇太子・親王・親王妃及び内親王が拝礼された。また諸員も拝礼した。

皇后廻立殿へ還御

明治以降、「登極令」に、大嘗祭で皇后陛下が廻立殿に入られ、帳殿で御拝礼になられるよう定められ、前例もその通りにされたことで、今回もその前例のとおりにされた。

ただ、古く大嘗祭に皇后は御参列にならなかったことで、「登極令」でも、ここまでで皇后陛下は還御とされていることで、その例により、皇后陛下はもとの御列を整えられ、還御された。すなわち殿外小忌幄舎の女子皇族方も退かれた。

⑿ 神饌行立

神饌行立《しんせんぎょうりゅう》、膳屋《かしわや》より悠紀殿へ神饌を伝えるための行立順序は、前掲の次第の通りである。

合図により脂燭をとる掌典補を先頭に、静かに静かに南庭廻廊を列は進む。掌典は全員黒袍《くろほう》、束帯の上に小忌衣《おみごろも》をつけ、冠に日蔭蔓《ひかげのかつら》をつけている。采女《うねめ》は先にも記したが白色帛畫衣《はくしょくはくのえぎぬ》、唐衣《からぎぬ》、紅切袴《くれないのきりばかま》をつけ、さらにその上に襅《ちはや》をつけ、髪に心葉《こころは》、日蔭糸《ひかげのいと》をかけている。掌典補も袍の色の別はあるが、束帯で小忌衣をつけている。

その行立が進み、削木《けずりき》をとる掌典が悠紀殿南階下まで進んだ時、警蹕《けいひつ》を唱えると、神楽歌《かぐらうた》を楽舎で奏し始める。

天皇は、それを聞き給い、外陣《げじん》の御座より内陣《ないじん》の御座に進まれる。

南階下に候していた掌典長、掌典次長が南階を昇り、外陣に入り、内陣への入口にかかげられた御幌《おとばり》の外、左右の座に候する。

簀《す》の子《こ》に候した侍従長も、外陣に入り、所定の座に候する。

それより、陪膳《はいぜん》采女、後取《しんどり》采女は内陣へ参入し、御手水を供したあと、神食薦《かみのすごも》以下をうけ奉仕が始まるが、外陣に参入し、伝えたあと所定の座に候するのは、あとの八人の采女であり、この行立の掌典は殿内に参入しない。

内陣には、天皇の御座の御前に神座奉安で御衾等の奉仕をさせて頂いた神座のほかに、御親供をうけられるための神座が、伊勢を御背にされて設けられている。後取采女が神食薦をその采女よりうけ、それを陪膳釆女に伝えると、陪膳釆女はそれをうけ、それを、天皇の御座の御向側、神座の御前に展《の》べ敷き奉り、つぎに同様にして、御食薦《みすごも》を伝へうけ、それを天皇の御座の御前に展べ敷き奉り、その上に次々と伝えられて来た御箸筥《おはしばこ》、御枚手筥《おんひらてばこ》、御飯筥《おものばこ》、鮮物筥《なまものばこ》、干物筥《からものばこ》、御《おん》菓子筥《このみばこ》以下を古例の通りに並べおき、あと、それらの蓋をとり、天皇が御親供遊ばされる御事に奉仕するのである。

(13) 神楽歌

悠紀殿南庭廻廊に神饌行立し、削木役掌典が警蹕をかけたのを機に、神楽歌が奏され、あと還御まで、中断されることなく、続けて奏されるが、その神楽歌はつぎの如くである。

大嘗宮の儀の神楽曲目

悠紀殿の儀

音取《ねとり》（笛、篳篥）

久止段拍子

阿知女作法《あちめさほう》（本歌、末歌、和琴のみ）

採物《とりもの》

榊

幣《みてぐら》

韓神《からかみ》

閑韓神《しずからかみ》

早韓神《はやからかみ》

主基殿の儀

音取（笛、篳篥）

阿知女作法（本歌、末歌、和琴のみ）

小前張《こさいばり》

薦枕《こもまくら》

志都也《しづや》

磯良《いそら》

篠波《さざなみ》

早歌

朝倉《あさくら》
其駒《そのこま》
千歳《せんざい》（入御のとき）

⒁　御親供

御飯筥（葛《くず》で製した葛筥《くすばこ》である）の米御飯（切り火でおこした火で蒸し調理）、粟御飯、鮮物筥の甘塩鯛ほか（調理神饌である）、干物筥の干鯛ほか、御菓子筥の干柿ほかなどの神饌を、御親ら竹製の御箸でとられ、規定の数だけ枚手《ひらて》（槲《かしわ》の葉で製する）に盛り供せられる。その法は古来よくお伝えになられて来ておられる通りである。それを終え給うのに、約一時間二十分ほどおかかりになられる。

⒂　御拝礼・御告文・御直会

御親供を終えられ、御傍に置かれた御笏《おんしゃく》をおとりになり、御拝礼遊ばされる。次に御告文を奏される。この間、合図により、参列の皇族、諸員すべて起立であった。

それを終えられて、御直会《おんなおらい》、天皇が御親ら、米御飯、粟御飯をおとりになり聞《きこ》し食《め》され、ついで陪膳女官の奉仕により、白酒《しろき》、黒酒《くろき》も聞し食された。

⒃　神饌撤下

それより、神饌が撤下され、天皇に陪膳、後取采女が奉仕して、御手水を供したあと、陪膳・後取采女らが下る。その御殿内陣を下るに当って、陪膳采女が、平伏し、「まづ、はさみ給ふべきものを、のちにはさみ給ひ、および、もろもろのとがありとも、神なほび大なほびに受け給へ」と祈り申すこと、平安時代の『江家次第』に、

先可二挟給一之物袁後ニ挟美給、及諸有レ咎止毛神直比大直比爾受給ヘ。

にみられるところを、そのままに伝承されて来ているところである。

なお、この撤下神饌は、古くよりすべて埋納される例となっている。

還　御

あと、御列を整え、還御になる。天皇が廻立殿にお入りになって、神楽歌は合図によって止められる。

それより諸員が退出するが、殿内は神座奉安のまま、すなわち神は坐しますこと故、庭燎は交

替して守り、衛門も交替して警固し、掌典も祗候させて頂いた。

⒄　主基殿供饌の儀

この儀の次第は、悠紀殿供饌の儀と同じである。

悠紀殿供饌の儀、主基殿供饌の儀と内容的に殆んど同様の儀を繰返し行われること、恒例の新嘗祭で、十一月二十三日午后六時より夕の儀、午后十一時より暁の儀と、その内容は同式の儀を行われるのと同様である。これはまた、伊勢の神宮の十月の神嘗祭《かんなめさい》、六月、十二月の月次祭《つきなみさい》で、皇大神宮にはそれぞれ十六日午後十時に由貴夕大御饌《ゆきのゆうべのおおみけ》、十七日午前二時に由貴朝《あしたの》大御饌と、二度繰返すのと同様である。

大嘗祭で、天照大御神また神々に御親供遊ばされ、直会遊ばされるに、夕だけでなく、暁にもとの古例によるものとみるのが自然であり、これについても妄説は慎しむべきであろう。

また悠紀《ゆき》、主基《すき》の語義について、多くの学者が説いて来たところであるが、まだ定説とみるべき説はない。悠紀、ユキを斎酒《ゆき》、神聖な酒の意ととり、主基、スキを『日本書紀』天武天皇五年九月新嘗祭国郡卜定の条に、「次」と記し、それに注をつけて、「次、此《ヲ》云《フ》二須岐《スキ》一也。」と記していることから、そのスキは次の意、第二の意で、次に斎酒《ゆき》を捧げる国郡の意とみる説もあるが、まだ定説とは云えない。さらに追究されるべきではあるが、長くそれを殊更に追求せず、およそ神聖との意のように理解し、ただ畏み奉仕して来た人びとの態度をよく考え、軽々な妄説で世をまどわすことは慎しむべきであろう。

なお、この大嘗宮の儀の悠紀殿供饌の儀、主基殿供饌の儀の間、掌典職掌典祭事課長は、その全体次第御進行合図役との前例をうけ、今回も終始奉仕させて頂いた。

(18)　神座撤却

すべて、終えられて、掌典長は、掌典次長、掌典四名、掌典補三名を率い、神座を撤却させて頂いた。すなわち、神のおかえりを頂いてのことである。

二八　大嘗祭後一日大嘗宮鎮祭

十一月二十二日より二十三日にかけて、大嘗祭が行われてその後一日、すなわちその翌二十四日午前、この儀が行われた。その次第はつぎの通りである。

大嘗祭後一日大嘗宮鎮祭

十一月二十四日午前八時三十分、悠紀主基両殿、神門及び廻立殿を鋪設する。
午前九時、掌典及び掌典補が悠紀殿南階の下に参進する。
次に掌典補が木綿を着けた賢木を悠紀殿内陣の四隅に立てる。
次に掌典が掌典補を率いて悠紀殿内陣の四隅に米、塩、切麻を散供する。
次に掌典補が悠紀殿内に真薦を敷き、高案を設ける。
次に神饌を供する。

次に掌典が祝詞を奏する。

次に神饌を撤する。

次に掌典及び掌典補が主基殿南階の下に参進する。

以下悠紀殿の式に同じ。

次に掌典及び掌典補が南面の神門外に参進する。

次に掌典補が木綿を着けた賢木を各神門の左右に立てる。

次に掌典が掌典補を率いて各神門に米、塩、切麻を散供する。

次に掌典補が南面の神門中央に真薦を敷き、高案を設ける。

次に神饌を供する。

次に掌典が祝詞を奏する。

次に神饌を撤する。

次に掌典及び掌典補が廻立殿南階の下に参進する。

次に掌典補が木綿を着けた賢木を廻立殿中央の御間、御湯殿及び東の御間の四隅に立てる。

次に掌典が掌典補を率いて廻立殿中央の御間、御湯殿及び東の御間の四隅に米、塩、切麻を散供する。

次に各退出する。

服装　○

掌典：衣冠

掌典補：布衣

大嘗宮鎮祭、その名称は、大嘗祭前一日大嘗宮鎮祭と同じであるが、この大嘗祭後一日大嘗宮鎮祭は、この大嘗宮の各殿、神門が無事安泰であって、大嘗祭を滞りなく行わせて頂いたことを深謝しての祭とみられる。

二九　大饗の儀

(一)　はじめに

平成二年十一月二十四日、二十五日に、宮殿で大饗の儀が行われた。先述のごとく、『日本書紀』持統天皇の条に、即位の礼、大嘗祭を終えられてあと、饗を賜わったことがみられるが、その記事のあと、『儀式』『延喜式』巻七などより、それがさらに制度として整えられて来たことがみられる。すなわち、十一月仲卯《なかのうのひ》日の大嘗祭の終ったあと、翌辰《たつ》の日、続いて巳《み》の日、さらに午《うま》の日と饗宴のあったことがみられる。その辰の日の悠紀節会《ゆきのせちえ》、巳の日の主基節会《すきのせちえ》、午の日を豊明節会《とよのあかりのせちえ》とし、そこでの行事もそれぞれに定められていたが、その伝統の上の行事が、この大饗の儀である。

(二) 大饗の儀

(1) 次第

天皇皇后両陛下がお出ましになる。
天皇陛下のお言葉がある。
代表者が奉答する。
白酒黒酒を賜わる。
式部官長が悠紀主基両地方の献物の色目を申し上げる。
饗饌
久米舞を奏する。
悠紀主基両地方の風俗舞を奏する。
大歌及び五節舞を奏する。
挿華を賜わる。
天皇皇后両陛下が御退出になる。

さらに、その詳しい次第書は後掲するが、この次第、『延喜式』辰の日、巳の日の節会以来の、大饗の旨趣をよく伝えられてのものなること、すなわち、饗饌、白酒黒酒《しろきくろき》を賜わることで、大嘗祭参列者に対しての直会《なおらい》なることが理解されよう。その参列者に斎田から産した新穀で調製した酒と料理を賜わり、ともに召し上がって、安寧と豊作とを祝う節会が、大饗の儀である。

大饗の儀の行われる豊明殿はつぎの如く布設された。

その御座の御後の「錦軟障《にしきのぜじょう》」は高さ十二尺（三・六四米）、幅三十尺八寸四分（九・三五米）、縁左右上下各二尺（紫色小葵模様）（〇・六米）で、その図柄は千年松山水《せんねんまつさんすい》の図。これは帝室技芸員今尾景年の筆により絹に揮毫した墨絵で、大正大礼の際調製され、昭和大礼の際も使用されたものを、今回も使用された。

また、両側上座壁面に布設された「悠紀地方風俗歌屏風」「主基地方風俗歌屏風」は、各六曲一双、その寸法一隻縦二・四米、横四・一米、画紙雲肌麻紙《くもはだまし》が用いられ、それぞれ春夏秋冬の景を描かれた。

悠紀地方（秋田県）

春　桧木内川《ひのきうちかわ》堤の桜並木、角館《かくのだて》のしだれ桜

夏　男鹿半島の海岸、入道崎など

秋　抱返《だきかえ》り渓谷の紅葉、

冬　田沢湖とその周辺の雪景、駒ヶ岳遠望

主基地方（大分県）

春　豊後水道の海岸線、佐伯、臼杵海岸の桜

夏　大分市街、奈多海岸の松原、鶴見岳、由布岳遠望

秋　耶馬渓の紅葉、宇佐神宮

冬　くじゅう連山、日田杉林の雪景

そのそれぞれの季の和歌は、万葉仮名で色紙に揮毫され、一枚あてその屏風の左左両上隅に貼られたが、その和歌を記すに、

悠紀地方

春

母母等世乎《ももとせを》　超由流佐久良木《こゆるさくらぎ》　佐吉曽呂比《さきそろひ》
佐可延由久波流《さかえゆくはる》　可久乃多弖麻知《かくのだてまち》

（色紙　薄桜萌木「薄青、薄紅」）

夏

奈《な》都《つ》須《す》受《ず》之《し》　男《を》鹿《が》之《の》三《み》佐《さ》伎《き》乃《の》　安《あ》乎《お》奈《な》美《み》尓《に》
於《お》太《だ》之《し》久《く》于《う》可《か》夫《ぶ》　安《あ》麻《ま》多《た》吉《こ》志《じ》麻《ま》波《は》

（色紙　卯の花「白、萌黄」）

秋

岐《き》里《り》義《ぎ》之《し》乎《を》　毛《も》美《み》知《ぢ》於《お》保《ほ》比《ひ》弖《て》　加《か》我《が》欲《よ》布《ふ》哉《や》
美《み》豆《づ》波《は》美《み》杼《ど》利《り》之《の》　陀《だ》伎《き》賀《が》敝《へ》里《り》乃《の》多《た》爾《に》

（色紙　菊重「薄蘇芳、香色」）

冬

安《あ》良《ら》多《た》代《よ》等《と》　己《こ》能《の》日《ひ》阿《あ》気《け》由《ゆ》久《く》　田《た》射《ざ》波《は》古《こ》于《に》
阿《あ》布《ふ》久《ぐ》古《こ》麻《ま》賀《が》根《ね》　由《ゆ》伎《き》爾《に》麻《ま》之《し》路《ろ》伎《き》

（色紙　枯色「白、薄紫」）

主基地方

春

宇《う》美《み》努《の》左《さ》至《ち》　太《た》比《ひ》遠《を》都《つ》留《る》三《み》怒《の》　佐《さ》岐《き》二《に》志《し》天《て》

日《ひ》斗《と》夜《よ》連《れ》利《り》見《み》遊《ゆ》　不《ふ》礼《れ》安《あ》飛《ひ》火《ひ》路《ろ》播《ば》

（色紙　柳「白、萌黄」）

夏

遊《ゆ》支《き》由《ゆ》吉《き》手《て》　加《か》反《へ》里《り》三《み》寸《す》連《れ》伐《ば》　湯《ゆ》布《ふ》努《の》大《だ》奚《け》

奈《な》美《み》有《う》津《つ》見《み》根《ね》也《や》　日《ひ》波《は》八《は》流《る》何《か》南《な》類《る》

（色紙薔薇「薄紅、薄紫」）

秋

由《ゆ》久《く》美《み》都《づ》努《の》　寸《す》我《が》須《す》何《が》志《し》加《か》連《れ》　耶《や》伐《ば》家《け》射《い》波《は》

曽《そ》良《ら》尓《に》通《つ》豆《づ》毛《け》類《る》　茂《も》末《み》治《ぢ》努《の》玖《く》礼《れ》奈《な》猪《ゐ》

（色紙萩「薄蘇芳、萌黄」）

冬

通《つ》太《た》返《へ》古《こ》志《し》　佐《さ》岐《き》八《は》比《ひ》於《お》毛《も》反《へ》波《ば》　日《ひ》田《だ》努《の》珠《す》伎《ぎ》

遊《ゆ》吉《き》不《ふ》連《れ》利《り》家《け》梨《り》　八《は》手《て》南《な》支《き》姑《こ》豆《ず》恵《ゑ》

（色紙枯色「白、薄紫」）

また、天皇、皇后両陛下御前の「洲浜台《すはまだい》」二個は純銀製、悠紀地方及び主基地方の風景を取りいれ意匠した台であるが、

悠紀地方

春　角館のしだれ桜

夏　男鹿半島の海景

冬　田沢湖

主基地方

夏　由布岳

秋　耶馬渓の紅葉、宇佐神宮

冬　日田杉林の雪景

大饗の儀　豊明殿

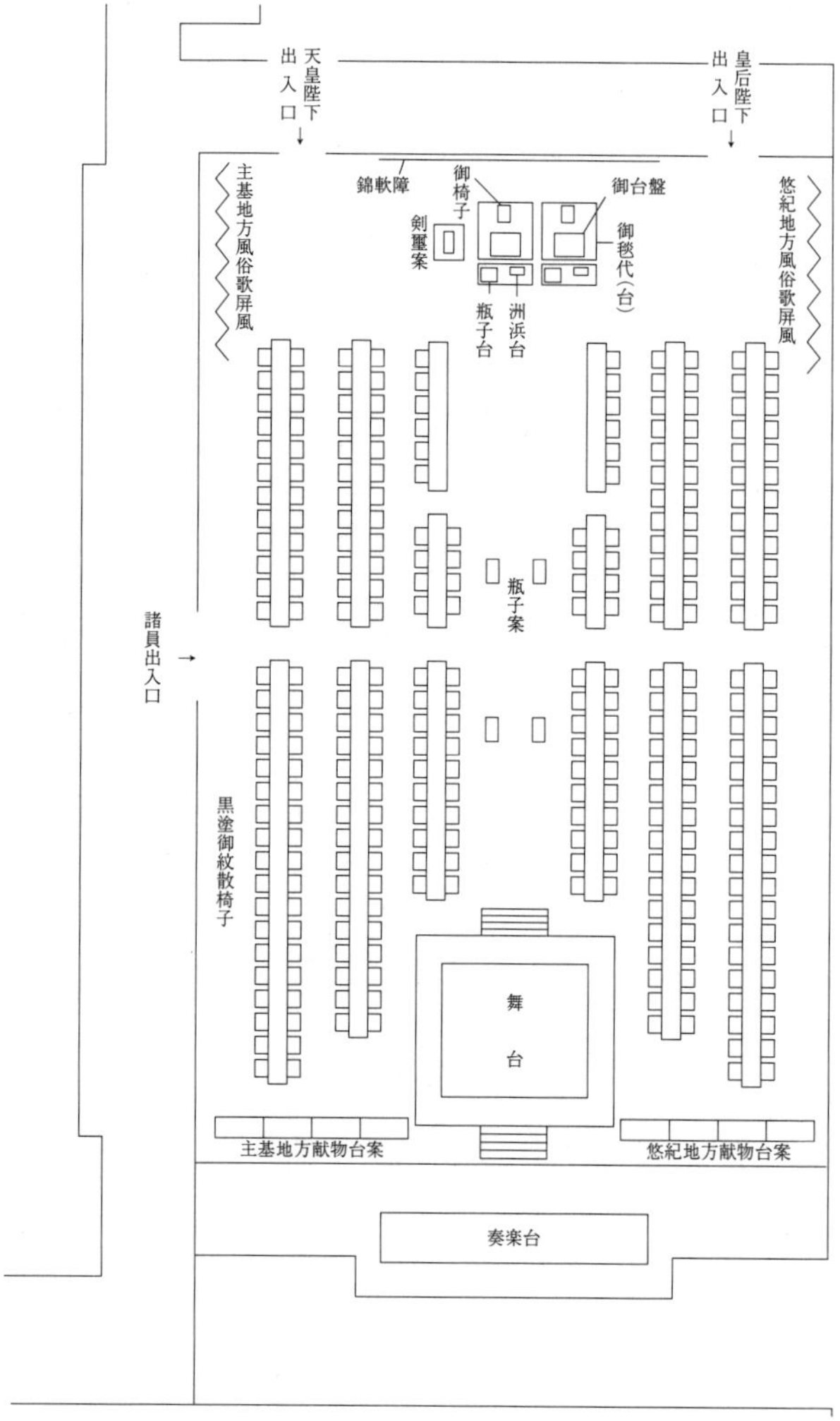
天皇陛下出入口
皇后陛下出入口
錦軟障
御椅子
御台盤
剣璽案
御毯代(台)
瓶子台
洲浜台
主基地方風俗歌屏風
悠紀地方風俗歌屏風
瓶子案
諸員出入口
黒塗御紋散椅子
舞台
主基地方献物台案
悠紀地方献物台案
奏楽台

が入れられている。高さ十四・五糎、最大幅四十一・五糎、奥行二十四・五糎である。

この「洲浜台」の「洲浜」は、洲が海に出入りしている浜辺であり、それに似せて造った台の上に季節の飾りをしたのが「洲浜台」であり、これも古くよりの風を、この度も入れてのことである。その根底としての思想も十分に検討された。

(2)　献　物

大饗の儀に供される悠紀主基両地方の献物について、斎田点定のあと、両地方と打合せの機会に、秋田、大分それぞれの県の特産である農林水産物（食用に供されるもの）十五品目とし、その十五品目については、両県知事から推薦を願い、その供納者は、供納を希望する農業団体、林業団体、又は水産団体として打合せ、その供納願う量については、品目ごとに別途定めることとしたが、これにより両地方で慎重に進められ、当日それぞれその十五品目を五台の雲脚台に分け、美しく盛りつけられ、正面に陳列された。
なお、その十五品目は、
悠紀の地方
馬鈴しょ、やまのいも、人参、かぼちゃ、和梨、大根、さやえんどう、白菜、りんご、里芋、かぶ、しいたけ、くり、するめ、わかめ。

主基の地方

なし、キゥイフルーツ、みかん、ゆず、ぎんなん、かぼす、ミニトマト、かんしょ、さといも、えのきたけ、干しいたけ、干わかめ、干きぬがい、ちりめん、天然まだい。

であった。

この献物について、(1)次第のなかで、「式部官長が、悠紀主基両地方の献物の色目を申し上げる。」とあるが、これは『延喜式』巻七践祚大嘗祭の、大嘗祭のあとの辰の日のなかで、「次弁官五位一人亦就《キ》二版位《ニ》一。跪《キテ》奏《ス》二両国所《ノ》レ献《ズル》供御及《ビタ》多明物《メツモノノ》色目《ヲ》一。」（次に弁官の五位一人、亦版《またへん》位《い》に就き、跪《ひざまづ》きて両国献ずる所の供御《くご》及び多明物の色目《しきもく》を奏す）とみられるが、それ以来のことである。弁官の五位一人ではなく、今回は式部官長が両国献ずる献物ためつものの色目を奏上した。

この献上のためつもののことは、『延喜式』より前の『貞観儀式』にもみられ、また下っての『北山抄』『江家次第』、さらに『康富記《やすとみき》』『壬生《みぶ》家記』などにもみられるところであり、平安以降必ず行われて来たことが知られるが、今回も宮内庁では書陵部が、改めて前例より遡って史料に当り、近世に於ても第百十九代光格天皇の安永九年（一七八〇）の大饗以降必ず献物の色目を奏することが行われており、悠紀・主基両地方の献物は、大嘗祭の節会に必須のこととされて来たことを報告、その上に今回も必ず実施されるべきこととして入れられたのである。

さらに、ここに記しておくに、この献物を献上とするか、献上とすると受けるのは国か、皇室か、皇室がうけるとすると皇室経済法第二条の「譲りうけ」に当るか。買い上げとするか、買い上げとすると前例と異なり、名称も献物でなく「多米都物」とするか等、十分に審議したのであり、すべてにわたって慎重にあらゆる角度より検討し進められたのである。

(3)　饗　饌

大饗の儀における御膳、また膳はつぎの如くである。

大饗の儀献立

一　天皇皇后両陛下御分　朱塗り御台盤（十一月二十四日第一回、第二回、二十五日）

供　膳

一　平焼鯛《ひらやきたい》　建松　追物《おいもの》　一　大飯　斎田米

一　花盛焼雉《はなもりやききじ》　建松　追物　一　汁物　二　種

一　塩引鮭　高盛　一　白味噌　巻鯉

一　巻烏賊《まきいか》　高盛　一　清し　鯛鰭

一　鱲子《からすみ》　高盛　一　四種物　酢醤　塩酒

一　蒸鮑　平盛　一　白酒

一　巻昆布　平盛　一　黒酒

御酒饌

一　汁物　合味噌　巻鱧《まきはも》　独活《うど》

一　取肴　松桜梅造花立て島台盛り
日の出蒲鉾　松風焼合鴨　鶴亀型薯蕷羹《しょよかん》

一　作身　鯛　細魚《さより》煎雲丹《いりうに》和《あ》え　白糸大根
防風　紅蓼《べにたで》
花山葵

一　焼物　塩焼姿鯛　淡路結び金銀水引
紅白絹糸掛け　尾紙飾り

一　加薬飯　鯛曽保呂《たいそぼろ》　椎茸　干瓢　青豆
錦糸玉子
紅生姜

一　温酒

（付立図）

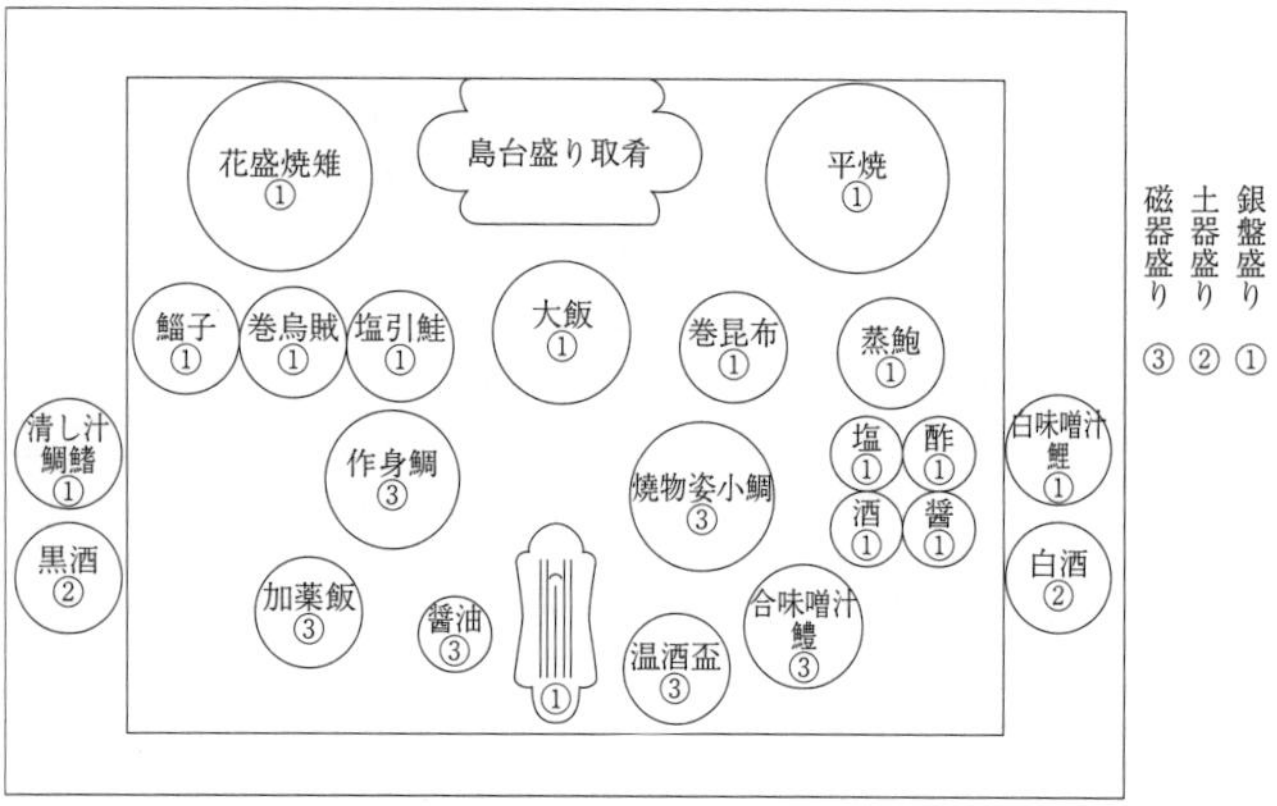

二　内閣総理大臣始め各界代表等　饗膳・白木折敷、酒饌・黒塗り折敷

（十一月二十四日第一回、第二回、二十五日）

饗膳

一　焼雉
一　塩引鮭
一　巻昆布
一　飯　斎田米
一　汁物　鯛鰭
一　白酒
一　黒酒

酒饌

一　汁物　合味噌　巻鱧　独活
一　取肴　松桜梅造花立て島台盛り
　　　　日の出蒲鉾　松風焼合鴨　鶴亀型薯蕷羹《しょよかん》

（付立図）

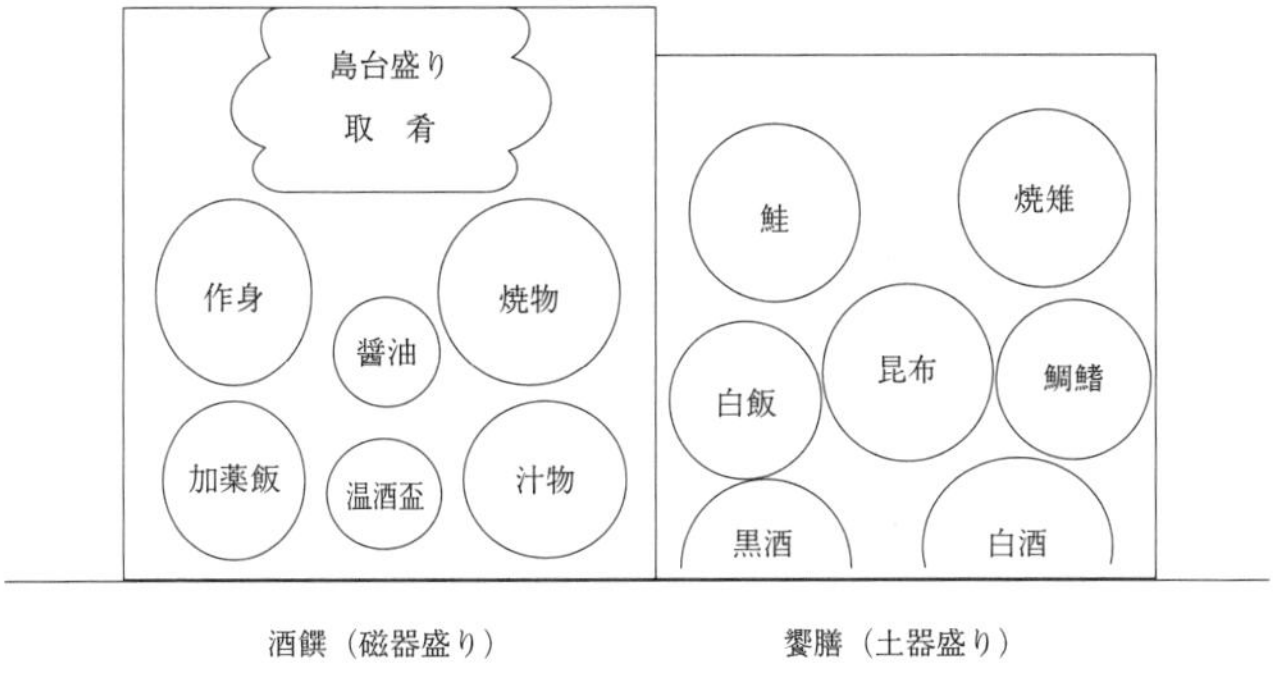

酒饌（磁器盛り）　　饗膳（土器盛り）

一　作　身　鯛　細魚煎雲丹和え　白糸大根　防風　紅蓼《べにたで》　花山葵
一　焼　物　塩焼姿鯛　淡路結び金銀水引　紅白絹糸掛け　尾紙飾り
一　加薬飯　鯛曽保呂　椎茸　干瓢　青豆　錦糸玉子　紅生姜
一　温　酒

(4)　久米舞

大饗で、古来必ず歌い舞われて来た歌舞である。大和地方の久米氏により歌い舞われて来たと伝承されるもので、その起源は神武天皇東征の御時にあるとされる。

すなわち、『日本書紀』巻三神武天皇即位前紀戊午年、東征の段に、

天皇以《ヲ》二其酒宍《サケシシヲ》一、班《チ》二賜《フ》軍卒《ニ》一。乃為二御謡《ミウタヨミシテ》一之曰、于儺能多伽機珥《ウダノタカキニ》、辭芸和奈破蘆《シギワナハル》、和餓《ワガ》末菟夜《マツヤ》、辭芸破佐夜羅孺伊殊区波辭《シギハサヤラズイスクハシ》、区旎羅佐夜離《クチラサヤリ》、固奈灑餓那居波佐麼《コナミガナコハサバ》、多智曽麼能未廼《タチソバノミノ》、那鶏句塢《ナケクヲ》、居気辭被恵禰《コキシヒエネ》、宇破奈利餓《ウハナリガ》、那古波佐麼《ナコハサバ》、伊智佐介幾未廼《イチサカキミノ》、於朋鶏句塢《ヲホケクヲ》。居気儺《コキタ》被恵禰《ヒエネ》。是《ヲ》謂《フ》二来目《クメ》歌《ト》一。今楽府《トヨノアカリニ》奏二此歌一者麼、猶有二手量《タハカリノ》大小及音声《ノ》巨細一。此古之遺式也。

とみられる。神武天皇が大和菟田《うだ》下縣《のしもつあがた》へ進まれ、その菟田縣の魁帥《ひとこのかみ》兄猾《えうかし》、弟猾《おとうかし》を平定の

あと詠まれた御製と記されるところで、それに舞曲をつけられたものであり、楽師が、和琴、横笛、篳篥を奏し、歌い、舞人四人がそれぞれ巻纓の冠に赤抹額《もこう》をつけ、赤袍で帯剣、靴をはいて舞う。

参音声《まいりおんじょう》

宇陀《うだ》の高城《たかき》に　鴫《しぎ》わな張る　我が待つや
鴫は障《さや》らず　いずくはし　鯨障る

揚拍子《あげびょうし》　伊麻波余《いまはよ》

前妻《こなみ》が魚乞《なこ》はさば　立《たち》そばの実の　無《な》けくを　こきしひえね　後妻《うはなり》が魚乞はさば　いちさかき実の　多けくを　こきたひえね　今はよ　今はよ　あ　あ

退出音声《まかでおんじょう》

しやを　今《いま》だにも　吾子《あこ》よ　今だにも　吾子よ

の如くであり、その参音声、揚拍子に『日本書紀』にみられる御製がそのままにとられていることがみられる。

(5)　悠紀主基両地方風俗舞

大嘗祭の都度、新作されるものであるが、大正大礼時よりの例により、この度も悠紀の地方秋田県へは歌人窪田章一郎氏が行き、主基の地方大分県へは歌人香川進氏が行き、それぞれの地名を入れて歌を詠み、それに宮内庁式部職楽部でその地方の俚謡及び郷土舞を参考として作曲、振付をした。舞は四人立、青摺の布衫《ふさん》をつけて舞う。

悠紀の地方
　夜明島の渓谷
谷谷に　きよらなる瀧　ひびき立て
　よき日明けゆく　夜明島川
　　奈曽の白瀑谷
鳥海の　山の雪どけ　とことはに
　絶ゆることなし　奈曽の白瀑

きみまち坂

みちのくを　巡らす若き　大帝
都偲ばしし　きみまちの坂

森吉山

川の幸　ゆたけく恵む　水上は
真木しみ立てる　森吉の山

主基の地方

くじゅう高原

霧やがて　晴るればくじゅう　高原は
つばらかにして　牛くさを食む

高崎山

高崎山　みどりを清み　常盤木の

さながら海に　あそべるたのしさ

姫　島

ひたごころ　秘めし姫島　ひとつにし
　結ばれゆきつ　千万までも

岡城跡

見のたかき　岡の城あと　神さびて
　霜さえわたる　千代の松が枝

(6)　五節舞

五節《ごせちのまい》舞は、天武天皇が天下和平、上下和睦を願って始められたところと『續日本紀』に記している。『續日本紀』聖武天皇、また孝謙天皇の条に、この五節舞のことがみられるが、なかの聖武天皇天平十五年（七四三）五月五日の条に、

宴群臣於内裏。皇太子親《ミヅカラ》儛五節。右大臣橘宿祢諸兄奉詔。奏太上天皇曰。天《スメラ》

皇大命《ミコトガオホミコト》尓坐西《マセ》奏《シ》賜久掛母畏岐《カケマクモカシコキ》飛鳥浄御原宮《アスカノキヨミハラミヤ》尓大八洲所知志《オホヤシマクニシロシメシ》聖乃《ヒジリノ》天皇命《スメラミコト》天下《アメノシタ》乎治《ヲサメ》賜比《タマ》平賜弖比《タヒラゲタマヒテ》所思坐久《オモホシマサク》。上下《カミシモ》乎斉《トトノヘ》倍和《ヤハラキテ》弖気无《ウゴ》レ動久《キナク》静加令《アラシムルニハ》レ有尓八礼《ライ》等楽《ガク》等二都並志弖平《タヒラケク》久長久可《アル》レ有等《ベシト》随神《カムナガラ》母所思坐弖《オモホシマシテ》此乃舞乎始《メ》賜比造《リ》賜比等伎聞食《キコシメシ》弖与レ天地《ト》共尓絶《タユル》事無久弥継《イヤツギニ》尓受賜利波行《ユカ》牟物等之弖皇太子《ヒツギノミコ》斯王《コノミコ》尓学《ナラハシ》志頂《イタダキモタシメ》令レ荷弖我皇天皇《ワガオホキミスメラミコトノ》大前《オホマヘ》尓二貢一《タテマツルコト》事乎奏《ス》。

とみられる。すなわち、奈良時代のまた全盛の時代の天平十五年五月五日、群臣を内裏に召されての宴のなかで、皇太子高野姫尊（のちの孝謙天皇、女帝）が五節の舞を舞われた。そのとき、右大臣の橘諸兄《たちばなのもろえ》が勅命により、詔を先皇元正天皇に奏しますに、天武天皇（飛鳥浄御原宮尓大八洲所知志聖乃天皇命）が天下を治められましたとき、上下斎和、天下平静にあらしむるには、礼楽を平らけく、安らけく長くたもつことと思し召され、この五節舞をつくり始められたと聞いておりますことより、これを永遠にと考え、皇太子高野姫尊にならわせ、いま御前で奏しましたとのような意であるが、これに対して太上天皇がおよろこびになり詔を賜わったことを続けて記している。

このように、この五節舞は古くより伝承されて来たところであり、その大歌《おおうた》は『琴歌譜《きんかふ》』に、

短埴安振《みじかはにやすぶり》

乎止米止毛《をとめども》　乎止女佐比須止《をとめさびすと》　可良多万乎《からたまを》　多毛止尓万伎弖《たもとにまきて》　乎止女佐比須毛《をとめさびすも》

と記されているところである。

また『年中行事秘抄』にも「五節舞姫参入並帳台試」の条に、この歌を記している。

この曲の起源について、天武天皇が吉野の宮に行幸になり、夕刻琴を弾かれたところ、その前の山の端《は》に雲がおこり、そこに神女とみられるものがあらわれ、曲にあわせて舞った、それが袖を挙げること五度したことより、五節の舞というとも伝えられている。

また、先掲の『續日本紀』の記事に続けて記す太上天皇の宣命のなかに、「今日《ケフ》行賜布《オコナヒタマフ》態乎《ワザヲ》見行波《ミソナハセ》直遊止乃味尓波《タダニアソビトノミニハ》不在之弖《アラズシテ》、天下人尓《アメノシタノヒトニ》君臣《キミヤツコ》祖子乃《オヤコノ》理乎《コトワリヲ》教賜比《ヲシヘタマヒ》趣賜布等尓有良志止奈母《オモブケタマフトニアルラシトナモ》所思須《オモホシメス》。」とある。

さらに続けて、御製

蘇良美都《ソラミツ》　夜麻止乃久尓波《ヤマトノクニハ》　可未可良斯《カミカラシ》　多布度久安流羅志《タフトクアルラシ》　許能末比美例波《コノマヒミレバ》

（そらみつ　大和の国は　神からし　尊くあるらし　この舞みれば）

を記している。五節の舞を御覧になって、この大和の国の尊さをよく深く思召《おぼしめ》されての御製であり、五節の舞が如何にみられていたか察せられよう。

この五節舞には、前例では京都在住の旧公家華族の子女が奉仕したが、今回は既に華族制度も廃止されており、宮内庁式部職楽部の楽長楽師の子女より選ばれた五人が奉仕した。

参音声

その唐玉《からたま》を

大歌

少女《おとめ》ども　少女《おとめ》さびすと　唐玉《からたま》を

袂《たもと》に纏《ま》きて　少女《おとめ》さびすも

(7) 挿華

大饗のなかで、天皇、皇后両陛下に供する御挿華《かざし》、また諸員に賜る挿華であるが、古くより、草木の花や枝を折り、頭にさす風習があり、また祭り、行事で、冠また頭髪に草木の花、枝、あるいは金属製のそれをさすことがあり、それが継承されても来ているが、それをまた賜う風に、由来するものである。

今回、御挿華《おんかざし》、二組は純銀製、松、桐各一本で一組とされ、高さ二十一糎、最大幅十糎であり、挿華は純銀製、竹、梅二本を合わせたもの、高さ十四・五糎、最大幅八・五糎であった。

(三) 参列者

大饗の儀の参列者について、その次第書とともに、以下に記す。

(1)大饗の儀(第一日第一回)

十一月二十四日時刻、豊明殿を装飾する。

午前十一時四十分、参列の諸員が休所に参集する。

次に皇太子、親王、親王妃及び内親王が皇族休所に参集される。

次に参列の諸員が豊明殿に入る。

　式部官が誘導する。

正午、天皇が豊明殿にお出ましになる。

　式部官長及び宮内庁長官が前行し、侍従が剣璽を捧持し、皇太子及び親王が供奉され、侍従長、侍従及び大礼副委員長が随従する。

次に皇后が豊明殿にお出ましになる。

　式部副長及び侍従次長が前行し、親王妃及び内親王が供奉され、女官長、女官及び大礼

　副委員長が随従する。
次に天皇が御座にお着きになり、侍従が剣璽を案上に奉安する。
次に皇后が御座にお着きになる。
次に供奉員が所定の位置に着く。
次に天皇のお言葉がある。
次に代表者が奉答する。
次に天皇、皇后に白酒黒酒を供する。
次に諸員に白酒黒酒を賜る。
次に式部官長が悠紀主基両地方の献物の色目を申し上げる。
　この時、両地方の献物を排列する。
次に天皇、皇后に御膳及び御酒を供する。
次に諸員に膳及び酒を賜る。
次に久米舞を奏する。
次に天皇、皇后に御殽物を再び供する。
次に諸員に殽物を再び賜る。

次に悠紀主基両地方の風俗舞を奏する。
次に大歌及び五節舞を奏する。
次に天皇、皇后に挿華をお供する。
次に諸員に挿華を賜る。
次に天皇、皇后が御退出になる。
前行、供奉及び随従はお出ましのときと同じである。
次に諸員が退出する。

大饗の儀（第一日第二回）**及び大饗の儀**（第二日）の次第は、大饗の儀（第一日第一回）と同じである。（大饗の儀〈第一日第二回〉は、十一月二十四日午後六時四十分参列諸員参集、午後七時天皇豊明殿お出まし。大饗の儀〈第二日〉は、十一月二十五日午前十一時四十分参列諸員参集、正午天皇豊明殿お出まし）

○

参列者の範囲は、次のとおりとする。

大饗の儀（第一日第一回）

内閣総理大臣、元内閣総理大臣及び国務大臣並びに以上の者の配偶者

衆議院の議長、元議長、副議長、常任委員長、特別委員長及び政治倫理審査会長並びに以上の者の配偶者

参議院の議長、元議長、副議長、常任委員長、特別委員長、調査会長及び政治倫理審査会長並びに以上の者の配偶者

最高裁判所長官、元最高裁判所長官及び最高裁判所判事並びに以上の者の配偶者

東京都、秋田県及び大分県の知事及び議会議長並びに以上の者の配偶者

秋田県及び大分県の農業協同組合中央会会長及びその配偶者

秋田県及び大分県の斎田の大田主及びその配偶者

その他別に定める者

(2) **大饗の儀**（第一日第二回）

政務次官

衆議院の議員四十九人（大饗の儀〈第一日第一回〉に招待された者及び政務次官である議員

を除く）
参議院の議員二十一人（大饗の儀〈第一日第一回〉に招待された者及び政務次官である議員を除く）
都道府県の知事及び議会議長（大饗の儀〈第一日第一回〉に招待された者を除く）
市及び町村の長及び議会議長の代表
各界の代表
その他別に定める者

(3)**大饗の儀**（第二日）
内閣法制局長官、内閣官房副長官、検査官、人事官、公正取引委員会委員長、検事総長、次長検事、検事長、高等裁判所長官及び事務次官
衆議院事務総長、参議院事務総長及び国立国会図書館長
最高裁判所事務総長
各界の代表
その他別に定める者

○服　装

男子　モーニングコート、紋付羽織袴

女子　ローブモンタント、デイドレス、白襟紋付

三〇　即位礼及び大嘗祭後神宮に親謁の儀

即位礼、大嘗祭のあと、十一月二十四日、二十五日の大饗を終えられて、その翌二十六日に、天皇、皇后両陛下は午前十一時東京駅御発、名古屋駅で近鉄線にお乗換えになり、沿道で国旗を振り奉祝する国民に答えられつつ、宇治山田駅御着、皇大神宮神域内の行在所《あんざいしょ》に入られた。そして一夜の御潔斎のあと、翌十一月二十七日午前豊受大神宮に御親謁になり、二十八日午前皇大神宮に御親謁になった。

その次第、御服装等は、あとに掲げる通りである。この儀も前例によられてのものであるが、即位礼及び大嘗祭後のこのことは、登極令に制定されて以後のこと、すなわち大正大礼にはじまる儀である。伊勢の神宮の鎮座のあと、神宮に直接行幸になり、御拝された例は、明治天皇の明治二年の例が初めである。明治天皇は即位のあと、神宮に行幸の御意をもたれたが、前例のないことでお止め申したが、東京へ遷都のことで、伊勢の地よりも遠くなられることで、特に明治二年三月十二日、王政復古、東京奠都御奉告の御趣で、黄櫨染御袍を召し御拝遊ばされたことに始まる。そのあと、明治天皇は明治五年、十三年、三十八年と行幸になり、大正天皇は大正四年、即位礼及び大嘗祭後に御親謁になり、昭和天皇は昭和三年に即位礼及び大嘗祭後に御親謁になられたあと、昭和十五年、十七年、二十年、二十七年、二十九年、三十七年、四十六年、四十九年、五十年、五十五年と行幸になっている。そのようなこともあり、このことは、引続きすぐに遊ばされたのである。

また、このことのはじめの大正天皇の御親謁の際、御神宝を奉献されたことをうけられ、昭和天皇もそれを承け、御神宝を奉献された。その前例の通り、今回も御神宝を奉献されたのである。なお、この「親謁」の意は、「親《みず》から謁《えつ》し給う」、天皇御親ら、御祖先に請《こ》い見《まみ》え、即位を奏し上げられる意で名称されたところとみる。この謁の字の意も確めず、軽々な妄説を出す人のあったことで、付記しておく。

即位礼及び大嘗祭後神宮に親謁の儀

豊受大神宮に親謁の儀

十一月二十七日時刻、天皇が行在所を御出発になる。

午前十時三十分天皇が板垣御門にお着きになる。

式部官長及び宮内庁長官が前行し、御前侍従が剣璽を捧持し、御後侍従が御菅蓋を捧持し、御綱を張り、御笏筥を捧持する。

侍従長及び侍従が御後に候し、親王が供奉され、大礼委員が随従する。

次に外玉垣御門外で天皇に大麻御塩を奉る（神宮禰宜が奉仕する）。

次に内玉垣御門内で天皇に御手水を供する（侍従が奉仕する）。

この時、祭主及び大少宮司が正殿の御扉を開き、御幌を搴げ、御供進の幣物を殿内の案上に奉安し、御階の下に候する。

次に天皇が瑞垣御門内にお進みになる。

掌典長が前行し、御前侍従が剣璽を捧持し、御後侍従が御菅蓋を捧持し、御綱を張り、御笏筥を捧持する。

侍従長が御後に候し、親王が瑞垣御門外に候され、宮内庁長官、式部官長及び大礼委員が内玉垣御門外に候する。

次に天皇が正殿の御階をお昇りになり、大床の御座にお着きになる。

侍従が剣璽を捧持して御階の下に候する。

次に天皇が御拝礼になる。

次に親王が拝礼される。

次に天皇が行在所にお帰りになる。

　前行、供奉及び随従は、お出ましのときと同じである。

次に皇后が行在所を御出発になる。

次に皇后が板垣御門にお着きになる。

　侍従次長が前行し、侍従が御菅蓋を捧持し、御綱を張り、女官が御檜扇筥を捧持する。

　女官長が御後に候し、親王妃が供奉され、大礼委員が随従する。

次に外玉垣御門外で皇后に大麻御塩を奉る（神宮禰宜が奉仕する）。

次に内玉垣御門内で皇后に御手水を供する（女官が奉仕する）。

次に皇后が瑞垣御門内にお進みになる。

　掌典長が前行し、侍従が御菅蓋を捧持し、御綱を張り、女官が御檜扇筥を捧持する。

　女官長が御後に候し、親王妃が瑞垣御門外に候され、侍従次長及び大礼委員が内玉垣御門外に候する。

次に皇后が正殿の御階をお昇りになり、大床の御座にお着になる。

次に皇后が御拝礼になる。
次に親王妃が拝礼される。
次に皇后が行在所にお帰りになる。
　前行、供奉及び随従は、お出ましのときと同じである。
次に各退出する。

　○

服装　天皇：御束帯（黄櫨染御袍）
　皇后：御五衣、御唐衣、御裳
　親王：衣冠単
　親王妃：袿袴
　宮内庁長官、侍従長、侍従次長、侍従、式部官長、掌典長、掌典及び大礼委員：衣冠
　　単
　掌典補：布衣単
　女官長及び女官：袿袴
　　モーニングコート又はこれに相当するもの

お列

天皇のお列

一　行在所から板垣御門外までの間

禰宜　侍従　侍従

御馬車
天皇　侍従　侍従長

禰宜　侍従　侍従

二　板垣御門外から内玉垣御門外までの間

侍従（璽）

式部官長　宮内庁長官　天皇　侍従（裾）

侍従（剣）

侍従（御綱）

侍従（御菅蓋）　侍従（御笏筥）　侍従　侍従長　親王　大礼委員

侍従（御綱）

三　内玉垣御門内から瑞垣御門外までの間

侍従（璽）　侍従（御綱）
掌典長　天皇　侍従（裾）　侍従（御菅蓋）　侍従（御笏筥）　侍従　侍従長　親王
侍従（剣）　侍従（御綱）

四　瑞垣御門内から正殿前までの間

侍従（璽）　侍従（御綱）
掌典長　天皇　侍従（裾）　侍従（御菅蓋）　侍従（御笏筥）　侍従　侍従長
侍従（剣）　侍従（御綱）

皇后のお列

一　行在所から板垣御門外までの間

禰宜　女官
御馬車
皇后　女官　女官長　侍従
禰宜　女官

二　板垣御門外から内玉垣御門外までの間

侍従（御綱）
女官（裾）
侍従次長　皇后　侍従（御菅蓋）　女官（御檜扇筥）　女官長　親王妃　大礼委員
女官（裾）
侍従（御綱）

三　内玉垣御門内から瑞垣御門外までの間

侍従（御綱）
女官（裾）
掌典長　皇后　侍従（御菅蓋）　女官（御檜扇筥）　女官長　親王妃
女官（裾）
侍従（御綱）

四　瑞垣御門内から正殿前までの間

侍従（御綱）
女官（裾）
掌典長　皇后　侍従（御菅蓋）　女官（御檜扇筥）　女官長
女官（裾）
侍従（御綱）

皇大神宮に親謁の儀

豊受大神宮に親謁の儀の式と同じ。(十一月二十八日午前十時天皇板垣御門御着)

この儀での、天皇陛下の供奉皇族は、秋篠宮殿下、高円宮殿下、皇后陛下の供奉皇族は、秋篠宮妃殿下、高円宮妃殿下であられた。

伊勢の神宮は、天照坐皇大御神《あまてらしますすめおおみかみ》を奉斎する皇大神宮(内宮)と、豊受大神《とようけのおおかみ》を奉斎する豊受大神宮(外宮)と、この二宮に各所属する宮社とからなるが、古来神宮では外宮先祭《げくうせんさい》、すなわち外宮の祭を内宮に先んじてなされる例となっており、御親謁もそれに従われて、その順になされた。

神宮では、昭和五十九年御聴許を得て、第六十一回式年遷宮諸祭行事を進めているなかであったが、この儀のために両正宮板垣御門下より御正殿前まで、雨儀廊《うぎろう》を設けたほか、行在所も部分改修、御馬車、馴致《じゅんち》馬車の格納所また馬屋の設置等十分に整えられ、前例を調査し、宮内庁と綿密に打合せ、所役も慎重に定められていた。

三一　即位礼及び大嘗祭後神武天皇山陵及び前四代の天皇山陵に親謁の儀

(一)　はじめに

天皇陛下は、十二月一日午前八時、宮中三殿の旬祭《しゅんさい》に、毎月と同様、御拝遊ばされたあと、この日、天皇皇后両陛下は京都へ行幸啓になった。

そして、

十二月二日　神武天皇山陵に親謁
同日　孝明天皇山陵に親謁
三日　明治天皇山陵に親謁

になり、御帰京のあと、

十二月五日　昭和天皇山陵に親謁

同　日　大正天皇山陵に親謁

になられた。

この御儀も、登極令に定められてあと、大正大礼よりの例であるが、その前例をみられての儀である。

(二)　即位礼及び大嘗祭後神武天皇山陵に親謁の儀

この儀の次第は、およそつぎの如くである。この儀での、天皇陛下の供奉皇族は、常陸宮殿下、皇后陛下の供奉皇族は、常陸宮妃殿下であられた。

即位礼及び大嘗祭後神武天皇山陵に親謁の儀

十二月二日午前九時、陵所を装飾する。
時刻、大礼委員が着床する。
次に神饌及び幣物を供する。
　この間、楽を奏する。
次に掌典長が祝詞を奏する。

次に天皇が御休所を御出発になる。

　式部官長及び宮内庁長官が前行し、親王が供奉され、侍従長、侍従及び大礼委員が随従する。

午前十時五十分、天皇が御拝礼になる。

次に親王が拝礼される。

次に天皇が御休所にお帰りになる。

　前行、供奉及び随従は、お出ましのときと同じである。

次に皇后が御休所を御出発になる。

　侍従次長が前行し、親王妃が供奉され、女官長、女官及び大礼委員が随従する。

次に皇后が御拝礼になる。

次に親王妃が拝礼される。

次に皇后が御休所にお帰りになる。

　前行、供奉及び随従は、お出ましのときと同じである。

次に大礼委員が拝礼する。

次に幣物及び神饌を撤する。

この間、楽を奏する。

次に各退出する。

参列員　大礼委員

服装　◯モーニングコート又はこれに相当するもの

掌典長、掌典及び楽長：衣冠単

掌典補及び楽師：布衣単

出仕：雑色

お　列

天皇のお列

舎人　式部官長　宮内庁長官　天皇　親王　侍従長　侍従　大礼委員

舎人　侍従

皇后のお列

舎人　侍従次長　皇后　親王妃　女官長　女官　大礼委員
舎人　女官

(三)　即位礼及び大嘗祭後孝明天皇山陵に親謁の儀

この儀での、天皇陛下の供奉皇族は、三笠宮崇仁親王殿下、皇后陛下の供奉皇族は、崇仁親王妃殿下であられた。

即位礼及び大嘗祭後孝明天皇山陵に親謁の儀

十二月二日午前十一時四十分、陵所を装飾する。
時刻、大礼委員が着床する。
次に神饌及び幣物を供する。
　この間、楽を奏する。
次に掌典長が祝詞を奏する。
次に天皇が御休所を御出発になる。

式部官長及び宮内庁長官が前行し、親王が供奉され、侍従長、侍従及び大礼委員が随従する。

午後二時十分、次に天皇が御拝礼になる。

次に親王が拝礼される。

次に天皇が御休所にお帰りになる。

前行、供奉及び随従は、お出ましのときと同じである。

次に皇后が御休所を御出発になる。

侍従次長が前行し、親王妃が供奉され、女官長、女官及び大礼委員が随従する。

次に皇后が御拝礼になる。

次に親王妃が拝礼される。

次に皇后が御休所にお帰りになる。

前行、供奉及び随従は、お出ましのときと同じである。

次に大礼委員が拝礼する。

次に幣物及び神饌を撤する。

この間、楽を奏する。

次に各退出する。

参列員	○　大礼委員
服装	モーニングコート又はこれに相当するもの 掌典長、掌典及び楽長：衣冠単 掌典補及び楽師：布衣単 出仕：雑色

お　列

天皇のお列

一　御休所から塀重門までの間（自動車列）

宮内庁長官 式部官長
天皇 侍従長陪乗
親王
侍従 侍従
大礼委員

二　塀重御門から陵前までの間

舎人　　　　　　　　　　　　　　　　　侍従
　　式部官長　宮内庁長官　天皇　親王　侍従長　　大礼委員
舎人　　　　　　　　　　　　　　　　　侍従

皇后のお列

一　御休所から塀重門までの間（自動車列）

侍従次長

皇后
女官長陪乗

親王妃

女官　女官

大礼委員

二　塀重御門から陵前までの間

舎人　　　　　　　　　　　　　　女官
　　侍従次長　皇后　親王妃　女官長　　大礼委員
舎人　　　　　　　　　　　　　　女官

㈣　即位礼及び大嘗祭後明治天皇山陵に親謁の儀

この儀での、天皇陛下の供奉皇族は、三笠宮崇仁親王殿下、皇后陛下の供奉皇族は、崇仁親王妃殿下であられた。

即位礼及び大嘗祭後明治天皇山陵に親謁の儀

十二月三日午前八時、陵所を装飾する。

時刻、大礼委員が着床する。

次に神饌及び幣物を供する。

　この間、楽を奏する。

次に掌典長が祝詞を奏する。

次に天皇が御休所を御出発になる。

　式部官長及び宮内庁長官が前行し、親王が供奉され、侍従長、侍従及び大礼委員が随従する。

午前十時三十分、天皇が御拝礼になる。

次に親王が拝礼される。
次に天皇が御休所にお帰りになる。
前行、供奉及び随従は、お出ましのときと同じである。
次に皇后が御休所を御出発になる。
侍従次長が前行し、親王妃が供奉され、女官長、女官及び大礼委員が随従する。
次に皇后が御拝礼になる。
次に親王妃が拝礼される。
次に皇后が御休所にお帰りになる。
前行、供奉及び随従は、お出ましのときと同じである。
次に大礼委員が拝礼する。
次に幣物及び神饌を撤する。
この間、楽を奏する。
次に各退出する。

参列員　　大礼委員

服装　○　モーニングコート又はこれに相当するもの

掌典長、掌典及び楽長：衣冠単

掌典補及び楽師：布衣単

出仕：雑色

お　列

天皇のお列

舎人　舎人　式部官長　宮内庁長官　天皇　親王　侍従長　侍従　侍従　大礼委員

皇后のお列

舎人　舎人　侍従次長　皇后　親王妃　女官長　女官　女官　大礼委員

㈤ 即位礼及び大嘗祭後昭和天皇山陵に親謁の儀

前四代の天皇山陵、すなわち御代順としては孝明天皇山陵、明治天皇山陵、大正天皇山陵、昭和天皇山陵となるが、現在の皇室祭祀では明治以降の例で、神武天皇、昭和天皇の祭祀を先帝以前三代の天皇の祭祀より重くされていること、また近世の慣例等も勘案し、大正天皇山陵に親謁の儀に先立ちこの儀が十二月五日、先に行われた。

この儀での、天皇陛下の供奉皇族は、三笠宮寛仁親王殿下、皇后陛下の供奉皇族は、寛仁親王妃殿下であられた。

即位礼及び大嘗祭後昭和天皇山陵に親謁の儀

十二月五日午前八時、陵所を装飾する。

時刻、大礼委員が着床する。

次に神饌及び幣物を供する。

　この間、楽を奏する。

次に掌典長が祝詞を奏する。

次に天皇が御休所を御出発になる。

　式部官長及び宮内庁長官が前行し、親王が供奉され、侍従長、侍従及び大礼委員が随従する。

午前十一時、天皇が御拝礼になる。

次に親王が拝礼される。

次に天皇が御休所にお帰りになる。

　前行、供奉及び随従は、お出ましのときと同じである。

次に皇后が御休所を御出発になる。

　侍従次長が前行し、親王妃が供奉され、女官長、女官及び大礼委員が随従する。

次に皇后が御拝礼になる。

次に親王妃が拝礼される。

次に皇后が御休所にお帰りになる。

　前行、供奉及び随従は、お出ましのときと同じである。

次に大礼委員が拝礼する。

次に幣物及び神饌を撤する。

この間、楽を奏する。
次に各退出する。

参列員　大礼委員
　○
服装　モーニングコート又はこれに相当するもの
　掌典長、掌典及び楽長：衣冠単
　掌典補及び楽師：布衣単
　出仕：雑色

お　列
天皇のお列
一　御休所から大鳥居までの間（自動車列）

宮内庁長官
式部官長

天皇
侍従長陪乗

親王

侍従　侍従

大礼委員

二　大鳥居から陵前までの間

舎人　舎人
式部官長
宮内庁長官
天皇
親王
侍従長
侍従　侍従
大礼委員

皇后のお列

一　御休所から大鳥居までの間（自動車列）

侍従次長

皇后
女官長陪乗

親王妃

女官　女官

大礼委員

二　大鳥居から陵前までの間

舎人　侍従次長　皇后　親王妃　女官長　女官　大礼委員

舎人　女官

(六)　即位礼及び大嘗祭後大正天皇山陵に親謁の儀

この儀での、天皇陛下の供奉皇族は、三笠宮寛仁親王殿下、皇后陛下の供奉皇族は、寛仁親王妃殿下であられた。

即位礼及び大嘗祭後大正天皇山陵に親謁の儀

十二月五日午前八時、陵所を装飾する。

時刻、大礼委員が着床する。

次に神饌及び幣物を供する。

　この間、楽を奏する。

次に掌典長が祝詞を奏する。

次に天皇が御休所を御出発になる。

式部官長及び宮内庁長官が前行し、親王が供奉され、侍従長、侍従及び大礼委員が随従する。

午前十一時四十分、天皇が御拝礼になる。

次に親王が拝礼される。

次に天皇が御休所にお帰りになる。

前行、供奉及び随従は、お出ましのときと同じである。

次に皇后が御休所を御出発になる。

侍従次長が前行し、親王妃が供奉され、女官長、女官及び大礼委員が随従する。

次に皇后が御拝礼になる。

次に親王妃が拝礼される。

次に皇后が御休所にお帰りになる。

前行、供奉及び随従は、お出ましのときと同じである。

次に大礼委員が拝礼する。

次に幣物及び神饌を撤する。

この間、楽を奏する。
次に各退出する。

参列員　大礼委員

服装
○
モーニングコート又はこれに相当するもの
掌典次長、掌典及び楽長：衣冠単
掌典補及び楽師：布衣単
出仕：雑色

お　列

天皇のお列
一　御休所から大鳥居までの間（自動車列）

宮内庁長官　式部官長

天皇　侍従長陪乗

親王

侍従　侍従

大礼委員

二　大鳥居から陵前までの間

舎人　舎人

式部官長

宮内庁長官

天皇

親王

侍従長

侍従　侍従

大礼委員

皇后のお列

一　御休所から大鳥居までの間（自動車列）

侍従次長

皇后　女官長陪乗

親王妃

女官　女官

大礼委員

二　大鳥居から陵前までの間

舎人

舎人

侍従次長

皇后

親王妃

女官長

女官

女官

大礼委員

三二　茶会

天皇皇后両陛下が、神武天皇山陵、孝明天皇山陵、明治天皇山陵に御親謁のため、京都方面に行幸啓になった機会に、設けられた茶会である。その次第を掲げる。

次第

十二月三日午后一時から同一時五十分までに諸員が京都御所の会場に参集する。

午后一時十五分から同一時五十五分まで会場において舞楽を供覧する。

午后二時、天皇、皇后が会場にお出ましになり、所定の位置にお着きになる。

式部官長が前行し、親王、親王妃及び内親王が供奉され、宮内庁長官、侍従長、侍従、女官長及び女官が随従する。

次に天皇のお言葉がある。

次に代表者が祝詞を述べる。

次に代表者が杯を挙げる。

次に御歓談になる。

　この間、茶菓を供する。

次に天皇、皇后が御退出になる。

　前行、供奉及び随従は、お出ましのときと同じである。

次に諸員が退出する。

三三　即位礼及び大嘗祭後賢所に親謁の儀

十二月六日、この儀が行われた。即位礼及び大嘗祭、またそれに関連の諸儀をお進めになられ、最後の重要な儀として行われた。

その次第をつぎに掲げる。

即位礼及び大嘗祭後賢所に親謁の儀

十二月六日午前八時、御殿を装飾する。

時刻、大礼委員が休所に参集する。

次に皇太子、親王、親王妃及び内親王が賢所参集所に参集される。

時刻、天皇が綾綺殿にお入りになる。

次に天皇に御服を供する（侍従が奉仕する）。
次に天皇に御手水を供する（侍従が奉仕する）。
次に天皇に御笏を供する（侍従が奉仕する）。
時刻、皇后が綾綺殿にお入りになる。
次に皇后に御服を供する（女官が奉仕する）。
次に皇后に御手水を供する（女官が奉仕する）。
次に皇后に御檜扇を供する（女官が奉仕する）。
時刻、御扉を開く。
　この間、神楽歌を奏する。
次に神饌及び幣物を供する。
　この間、神楽歌を奏する。
次に掌典長が祝詞を奏する。
次に大礼委員が着床する。
次に皇太子、親王、親王妃及び内親王が参進して幄舎に着床される。
　式部官が誘導する。

午前十時、天皇がお出ましになる。

　掌典長が前行し、侍従が御剣を捧持し、侍従が随従する。

次に天皇が内陣の御座にお着きになる。侍従が御剣を捧持し、簀子に候する。

次に天皇が御拝礼になる(御鈴を内掌典が奉仕する)。

次に天皇が御退出になる。

　前行及び随従は、お出ましのときと同じである。

次に皇后がお出ましになる。

　掌典長が前行し、女官が随従する。

次に皇后が内陣の御座にお着きになる。

次に皇后が御拝礼になる。

次に皇后が御退出になる。

　前行及び随従は、お出ましのときと同じである。

次に皇太子、親王、親王妃及び内親王が拝礼される。

次に大礼委員が拝礼する。

次に幣物及び神饌を撤する。

この間、神楽歌を奏する。
次に御扉を閉じる。
この間、神楽歌を奏する。
次に各退出する。
〇
服装　天皇：御束帯黄櫨染御袍
皇后：御五衣・御小袿・御長袴
侍従、掌典長、掌典次長、掌典及び楽長：衣冠単
女官：袿袴
内掌典：衣袴、袿袴
掌典補、楽師：布衣単
出仕：雑色
皇太子、皇族、大礼委員：モーニングコート又はこれに相当するもの

お　列

掌典長　天　皇　侍従（裾）　侍従（剣）

掌典長　皇　后　女官（裾）
女官（裾）

三四　即位礼及び大嘗祭後皇霊殿神殿に親謁の儀

先に続いて、行われた。

皇霊殿に親謁の儀

神殿に親謁の儀

賢所の式と同じ(御鈴の儀はない)。

三五　即位礼及び大嘗祭後賢所御神楽の儀

十二月六日、即位礼及び大嘗祭後賢所に親謁の儀が行われたその日の夜、この儀が行われた。その儀の次第はつぎに掲げる通りであるが、この時の御神楽《みかぐら》は、先にもふれたが、平安時代以来毎年恒例として行われる十二月中旬の賢所御神楽と同じではなく、特に秘曲を奏せしめられることとされているその例をうけて、秘曲を奏せしめられた。

即位礼及び大嘗祭後賢所御神楽の儀

十二月六日午後三時、御殿を装飾する。

時刻、皇宮儀仗が皇居諸門の所定の位置に着く。

午後四時十分、参列の諸員が休所に参集する。

次に皇太子、親王、親王妃及び内親王が賢所参集所に参集される。

時刻、天皇が綾綺殿にお入りになる。
次に天皇に御服を供する（侍従が奉仕する）。
次に天皇に御手水を供する（侍従が奉仕する）。
次に天皇に御笏を供する（侍従が奉仕する）。
時刻、皇后が綾綺殿にお入りになる。
次に皇后に御服を供する（女官が奉仕する）。
次に皇后に御手水を供する（女官が奉仕する）。
次に皇后に御檜扇を供する（女官が奉仕する）。
時刻、御扉を開く。
　この間、神楽歌を奏する。
次に神饌及び幣物を供する。
　この間、神楽歌を奏する。
次に掌典長が祝詞を奏する。
次に大礼委員が着床する。
次に諸員が参進して幄舎に着床する。

　式部官が誘導する。
次に皇太子、親王、親王妃及び内親王が参進して幄舎に着床される。
　式部官が誘導する。
午後四時三十分、天皇がお出ましになる。
　掌典長が前行し、侍従が剣璽を捧持し、侍従が随従する。
次に天皇が内陣の御座にお着きになる。侍従が剣璽を捧持し、外陣に候する。
次に天皇が御拝礼になる。(御鈴を内掌典が奉仕する)。
次に天皇が御退出になる。
　前行及び随従は、お出ましのときと同じである。
次に皇后がお出ましになる。
　掌典長が前行し、女官が随従する。
次に皇后が内陣の御座にお着きになる。女官が簀子に候する。
次に皇后が御拝礼になる。
次に皇后が御退出になる。
　前行及び随従は、お出ましのときと同じである。

次に皇太子、親王、親王妃及び内親王が拝礼される。
次に諸員が拝礼する。
次に大礼委員が拝礼する。
次に御神楽
次に幣物及び神饌を撤する。
　この間、神楽歌を奏する。
次に御扉を閉じる。
　この間、神楽歌を奏する。
次に各退出する。

参列の諸員は次のとおりとする。
内閣総理大臣及び国務大臣並びに衆議院及び参議院の議長及び副議長並びに最高裁判所長官及び最高裁判所判事（長官代行）
認証官総代
各省庁の事務次官の総代

都道府県の総代
市町村の総代
その他別に定める者

服装　○
天皇：御束帯（黄櫨染御袍）
皇后：御五衣・御小袿・御長袴
侍従、掌典長、掌典次長、掌典及び楽長：衣冠単
女官：袿袴
内掌典：衣袴、袿袴
掌典補、楽師：布衣単
出仕：雑色
皇太子、皇族、参列諸員、大礼委員：モーニングコート、紋付羽織袴又はこれらに相当するもの

お列

掌典長　侍従（剣）　天皇　侍従（裾）　侍従（璽）

掌典長　皇后　女官（裾）

女官（裾）

付　内閣総理大臣主催「天皇陛下御即位記念祝賀会」

平成二年十二月十日午後六時三十分より、都内のホテルにおいて、天皇陛下の御即位に関する一連の儀式が終了したことを祝い、併せて、関係者に謝意を表するため、立法、司法、行政各機関の代表者、駐日大使、地方公共団体の代表者及び民間関係代表者等約三千五百名を招いて、内閣総理大臣主催による祝賀会が行われた。なお、これは政府主催行事である。

三六　大嘗祭後大嘗宮地鎮祭

大嘗祭が滞りなく終えられ、その後の鎮祭も終ったあと、後述するように、その大嘗宮の後参観が行われたが、それも終ったあと、大嘗宮は『延喜式』にみられる通り、古来の例により壊《え》却《きゃく》された。この大嘗宮の古材を供与するよう求める向きもあったが、それは古例に反することである。前例では、京都賀茂川上流川原にその材すべてを運ばれ、焼却された由であるが、東京で、現行法規のもとで、それを一気に焼却壊却することは出来ず、その主要部分の材等を撰び、平成三年二月四日、鑽火《きりび》をおこし焼却の儀を行い、あと適宜壊却した。

そして、後の整理もある程度終ってあと、平成三年二月十四日午前、この大嘗祭後の大嘗宮地鎮祭を、つぎに掲げる次第の如く行った。

この儀は、大嘗宮造営前の大嘗宮地鎮祭とは異なり、この地に大嘗宮を建てさせて頂き、滞りなく大嘗祭を行わせて頂いたことで、その大嘗宮を壊却、感謝し、もとの状況にと願っての地鎮祭である。

大嘗祭後大嘗宮地鎮祭

悠紀殿の儀

二月十四日午前八時、斎場を舗設する。
午前十時、掌典及び掌典補が着床する。
次に大礼委員が着床する。
次に神饌及び幣物を供する。
　この間、楽を奏する。
次に掌典が祝詞を奏する。
次に幣物及び神饌を撤する。
　この間、楽を奏する。
次に地鎮の儀を行う。
次に各退出する。

○

服装　掌典及び楽長：衣冠
　掌典補及び楽師：布衣
　出仕：雑色
　大礼委員：モーニングコート又はこれに相当するもの

主基殿の儀

悠紀殿の式と同じ。

付(1)　高御座御帳台一般参観

大正大礼、昭和大礼では、そのあと式場拝観を一般に許され、紫宸殿《ししんでん》前庭、饗宴場、大嘗宮等を、約五ヶ月の間、拝観させられたが、平成大礼ではその京都御所の場合と状況が異なり、宮殿の諸行事との関係もあり、高御座、御帳台を京都御所紫宸殿へ移してあと、京都御所で、平成二年十二月十五日（土）から同月二十四日（月）までの十日間、午前九時より午後三時までを参観時間とし、参観者の資格については、一般参観の運営上支障がある場合を除き、制限を設けず、参観の対象は高御座、御帳台及び威儀物《いぎもの》等として、実施した。この参観者数は十六万二千七百四十人であった。

(2) 大嘗宮一般参観

大嘗宮の一般の後参観は、平成二年十一月二十九日（木）より、十二月十六日（日）までの間、午前九時三十分より午後三時までの入門とし、行われた。その資格に制限はなく、服装も任意とされた。この参観のため全国より連日大勢の人がつめかけ、その実際を目にしたことで感激していた。なお参観者数は、皇宮警察の調べで四十三万九千七百八十人であった。

あとがき

平成六年三月、掌典職掌典、祭事課長を辞任したあと、本書の執筆をはじめて翌七年秋には擱筆した。そして、その内容につき私自身の誤解による記載があっては、また不用意な記載があってはと、数人の方々に一覧頂き、その御指摘で修正を加えた。その方々に改めて衷心より御礼申し上げる。

そのあとすぐに出版をと志したが、本書内容の性格にふさわしい出版社として、何処の社に依頼するか迷ううちに多くの時日を経過したが、大嘗祭についての妄説はなお衰えずそれが通説の如くであり、これを是正しなければとの念で、明治聖徳記念学会等の関係で、旧知の錦正社社長中藤政文氏に依頼した。中藤社長は快く引き受けて下さり、創業六十五周年記念出版とさせて下さい、と云われた。感謝に耐えない。

校正の段階で改めて見直してみると、省略してもよかったのではないかと思うところもないではなかったが、やはり全体を着実に記したなかより、真実を読みとって頂きたいとの念願で敢えて省略はしないこととさせて頂いた。禿筆のなかよりも正しくとお願いする。

著　者

著者略歴

大正 12 年大阪市に生まる。國學院大學在学中学徒出陣（海軍中尉）、昭和 21 年卒業のあと、國學院大學日本文化研究所研究員、皇學館大学教授、東北大学・岩手大学非常勤講師等を経て、昭和 63 年宮内庁掌典職掌典、平成元年同祭事課長、平成 6 年辞任。
現在　宮内庁侍従職御用掛、皇學館大学名誉教授。神道史学専攻。

即位禮《そくいれい》・大嘗祭《だいじょうさい》　平成大禮要話《へいせいたいれいようわ》

平成十五年七月三十日　第一刷発行
平成二十七年七月三十日　第三刷
※定価はカバー等に表示してあります。

著　者　鎌《かま》田《た》純《じゅん》一《いち》

装幀者　吉野史門
出版者　中藤政文
発行所　㈱錦正社
〒一六二—〇〇四一
東京都新宿区早稲田鶴巻町五四四—六
電　話　〇三（五二六一）二八九一
FAX　〇三（五二六一）二八九二
URL　http://kinseisha.jp/

印刷　㈱文昇堂
製本　㈱ブロケード

ISBN978-4-7646-0262-5